SHABANI MAPELA

COMPRENDRE LA DESTINÉE

SHABANI MAPELA

COMPRENDRE LA DESTINÉE

Éditions Croix du Salut

Imprint
Any brand names and product names mentioned in this book are subject to trademark, brand or patent protection and are trademarks or registered trademarks of their respective holders. The use of brand names, product names, common names, trade names, product descriptions etc. even without a particular marking in this work is in no way to be construed to mean that such names may be regarded as unrestricted in respect of trademark and brand protection legislation and could thus be used by anyone.

Cover image: www.ingimage.com

Publisher:
Éditions Croix du Salut
is a trademark of
Dodo Books Indian Ocean Ltd. and OmniScriptum S.R.L publishing group

120 High Road, East Finchley, London, N2 9ED, United Kingdom
Str. Armeneasca 28/1, office 1, Chisinau MD-2012, Republic of Moldova, Europe
Printed at: see last page
ISBN: 978-620-3-84539-6

COMPRENDRE LA DESTINEE

SHABANI MAPELA SHABANI

COMPRENDRE LA DESTINEE

Préface

Dans ce livre d'une lecture facile, l'auteur nous présente que l'homme ne pas maitre de sa destinée mais n'est qu'un gérant de celle-ci et, il est responsable des choix qu'il fait, des décisions qu'il prend dans sa destinée. Le pasteur Shabani Mapela Shabani est l'un des auteurs qui transmettent non seulement la connaissance mais aussi son vécu dans le ministère.

Il a un parcours constant avec le seigneur dans le ministère, il est une source d'inspiration et de motivation que Dieu utilise pour les générations présente et avenir. J'encourage non seulement la lecture attentive de ce livre mais aussi la mise en application des vérités simple, profonde, et la lecture de ce livre vous donnera accès à votre destinée principale.

Que Dieu vous bénisse et bonne lecture !!!

Prophète Emmanuel Chicco Mupangilay

Pasteur titulaire du centre d'évangélisation

Armée de la réconciliation.

INTRODUCTION

La survie de L'humanité entière dépend de la manière dont nous gérons notre destinée. De même, qu'on est différent les uns des autres, nos destinées se différes aussi. Le bien-être de l'humanité en générale est le résultat d'un bon combat que l'homme doit livrer durant toute sa vie car, dans le combat de la destinée, chaque seconde et tous les gestes comptent, pourvu qu'on soit précis dans ce que l'on fait. Lorsque tout le monde cherche à être, à parler, à faire, et à devenir comme tout le monde, on aura comme conclusion la disparition de tout le monde. JESUS-CHRIST le Dieu créateur très haut a instauré le principe de la complémentarité donnant naissance à l'équilibre qui veut que tout homme découvre son destin en s'identifiant à Dieu et non aux hommes.

La voie de la sagesse divine et prophétique nous enseigne qu'il sied d'admettre qu'on ne se choisit pas sa propre destinée mais au contraire, on est appelé à la découvrir, l'aimer, combattre le bon combat de la destinée et en sortir couronner.

CHAPITRE I : LA DESTINEE.

Définit par le petit robert comme étant ;

- destin particulier d'une personne ou d'une chose.

- Puissance suprême qui règle le cours de l'existence d'une personne ou d'une chose.

I. DESTIN

- puissance mystérieuse à qui les anciens attribuaient de déterminer d'avance et d'une façon irrévocable la suite des évènements.

- Sort d'une personne ou d'une chose, en tant qu'il résulte de forces extérieure invincible, ce qui arrive aux hommes de bien ou de mal indépendamment de leur volonté.

II. DIEU ET LE DESTIN

À la lumière de plusieurs portions des écritures saintes (la bible) en occurrence *:*

- ***Esaïe 9 :5 ou 9 :6 « car un enfant nous est né et un fils nous est donné et la domination reposera sur son épaule ; on l'appellera admirable, conseiller, DIEU puissant, père éternel prince de paix. »***
- ***Jérémie 1 :5 et 10 « - 5, avant que je t'eusse formé dans le ventre de ta mère, je te connaissais, et avant que tu fusses sorti de son sein, je t'avais consacré, et je t'avais établi prophète des nations.***

-10, regarde, je t'établis aujourd'hui sur les nations et sur les royaumes, pour que tu arraches et que tu abattes, pour que tu ruines et que tu détruises, pour que tu bâtisses et que tu plantes. »

- ***Luc 2 :34 « Siméon les bénit, et dit à marie sa mère : voici, cet enfant est destiné à amener la chute et le relèvement de plusieurs en Israël, et à devenir un signe qui provoquera la contradiction, »***
- ***Proverbes 16 : 4 « l'éternel a tout fait pour un but, même le méchant pour le jour de malheur. »***

Nous définissons la destinée comme étant :

- le plan parfait et divin préétabli par DIEU pour l'homme.

- l'entreprise divine créée par Dieu et donné à l'homme pour être gérer.

- le but ou l'objectif principal pour lequel l'homme est introduit et installer dans le monde.

Selon les écritures saintes (la bible), ce terme désigne non seulement la détermination divine de tout vouloir humain, mais aussi le décret souverain par lequel DIEU détermine en avance le sort temporel et éternel de ses Creatures sous le contrôle de sa volonté d'une part parfaite et d'autre part permissible.

Donc, DIEU est le dispensateur de tous les évènements, selon qu'il est écrit dans :

- *Esaïe 37 :26 « N'as-tu pas appris que j'ai préparé ces choses de loin, et que je les ai résolues dès les temps anciens ? Maintenant j'ai permis qu'elles s'accomplissent, et que tu réduisisses des villes fortes en morceaux de ruines. »*

- *Jérémie 29-11, « je connais les projets que J'ai formés sur vous, dit l'Eternel, projets de paix et non de malheur, afin que de vous donner un avenir et de l'espérance. »*

Notre DIEU est un DIEU des prédestinations c'est-à-dire, qu'il a tout prévu en avance. Et nous voyons cela même dans la création, avant même que l'homme soit créé, il a d'abord élaboré le destin de l'homme selon qu'il est écrit dans :

-Genèse 1 : 26 *« puis DIEU dit ; Faisons l'homme à notre image, et selon notre ressemblance, et qu'il domine sur les poissons de la mer sur les oiseaux du ciel sue le bétail, sur toute la terre, et sur tous les reptiles qui rampent sur terre. »*, c'est à dire il lui a d'abord préparé le terrain, le destin principal (l'objectif principal) qui est celui de dominer sur toute la création, en créant les cieux et la terre et les arbres fruitiers, les animaux, et tout ce qui pouvait les servir de nourriture et qui devrait contribuait à sa quiétude afin que lorsque ce-dernier sera installer dans le jardin qu'il se sente à l'aise et vive en bon contemplateur, adorateur et louangeur étant gérant de toute créatures. Et aux cotés de l'homme, DIEU a destinée des évènements, circonstances, de manière précise et particulière qui doivent arriver dans la vie d'un homme, d'un groupe des hommes, d'une nation, et de l'humanité en générale.

À titre exemplatif nous avons ; - LE Décès, ***Genèse 3-19 « c'est à la sueur de ton visage que tu mangeras du pain, jusqu'à ce que tu retournes dans la terre, d'où tu as été pris ; car tu es poussière, et tu retourneras dans la poussière. »***

- le retour de Jésus-Christ,

Matthieu 24 :30 « alors le signe du fils de l'homme paraitre dans le ciel, toutes les tribus de la terre se lamenteront, et elles verront le fils de l'homme venant sur les nuées du ciel avec puissance et une grande gloire. »

- le jugement dernier,

apocalypse 20 :12 « et je vis les morts, les grands et petits, qui se tenaient devant le trône. Des livres furent ouverts. Et un livre fut ouvert, celui qui est le livre de vie. Et les morts furent jugés selon leurs œuvres, d'après ce qui était écrit dans ces livres. »

C'est-à-dire nous sommes comme dans un film télévisé dans lequel trois éléments principaux doivent être pris au sérieux nous avons ; le personnage, le rôle, et la scène. Donc, tout ce qui arrive dans le film ne doit pas surprendre le réalisateur du film, Et DIEU étant le réalisateur parfait, rien ne peut arriver sans sa volonté et celle-ci peut être permissive ou parfaite. Dans le domaine de destin nous avons en avons deux dimensions ;

- la dimension préférentielle du destin.

- La dimension impersonnelle du destin,

A. LA DIMENSION Préférentielle ou personnelle DU DESTIN

En générale chacun de nous de manière précise et spéciale sommes divinement destinée, désigner, identifier par notre nom, origine, famille et doter de capacités pour accomplir une mission précise dans le monde, dans une famille, nation, ou dans le corps du christ.

À l'exemple de :

- Moise qui fut désigné par Dieu pour délivrer le peuple Israelite de l'esclavage. ***Exode 3 :10 « maintenant, va je t'enverrai auprès de pharaon, et tu feras sortir d'Egypte mon peuple, les enfants d'Israël. »***
- Gédéon fut désigné par Dieu pour délivrer son peuple qui était affligés. ***Juges 6 :14 « l'éternel se tourna vers lui, et dit : va avec cette force que tu as, et délivre Israël***

de la main de Madian ; n'est-ce pas moi qui t'envoie ? »

- Samson fut aussi désigné par Dieu pour délivrer son peuple de mains de philistins. ***Juges 13 :5 « car tu vas devenir enceinte et tu enfanteras un fils. Le rasoir ne passera point sur sa tête, par ce que cet enfant sera consacré à DIEU dès le ventre de sa mère ; et ce sera lui qui commencera à délivrer Israël de la main des philistins ».***

De même que nous sommes diffèrent de par notre ADN bien qu'on peut tous sortir d'une même famille biologique, chacun de nous est appelé à accomplir une mission précise et particulière différente des autres.

Donc, nous ne sommes pas tous appelés à être et devenir de même personnes, faire la même chose de la même manière, au même moment, au même endroit, et avoir de même ambitions, car le survis de l'humanité dépend de notre manière à développer, et bien gérer nos diversités.

Ceci revient à dire que dans tous les domaines de la vie Dieu a placé à nos côtés de gens qui ont des missions ou objectif principal diffèrent de nous, de même que nous les sommes aussi vis-à-vis d'eux donc, chacun de nous est unique à son genre nul ne la copie certifiée conforme des autres. Dieu après nous avoir destinée à quelques choses bien précises, il a aussi mis à notre disposition de provisions qu'il faut, différente des autres.

De manière particulière et dans tout le domaine de la vie DIEU nous a créé diffèrent les uns des autres et ne nous a pas non plus tous donné la même capacité ou la même mesure de grâces. Chacun de nous a reçu de la part de DIEU la provision en proportion du poids de sa mission ou charges lui confiée par DIEU selon son destin. Il y a de ceux-là qui ont beaucoup reçu de la part de Dieu par rapport aux autres. Selon Qu'il est écrit dans ;

-Luc 12 : 48 ***« mais celui qui, ne l'ayant pas connue, a fait des choses dignes de châtiment, sera battu de peu de coups. On demandera beaucoup à qui l'on a beaucoup donné, et on exigera davantage de celui à qui l'on a beaucoup confié. »***

-Et dans **Matthieu 25 : 15** ***« il donna cinq talents à l'un, deux à l'autre, et un au troisième, à chacun selon sa capacité ».***

Après que Dieu nous ait destinée à quelque chose et comblé des capacités, il nous envoie.

Dans la destinée préférentielle, il est important de noter qu'il existe le principe d'un seul grain semé qui donne naissance à plusieurs autres grains et fruits. C'est-à-dire que DIEU ne choisit pas et n'envoie pas tout le monde au même moment, de la même manière et faire la même chose de la même manière. Il y a toujours un petit groupe qui doit d'abord commencer afin que les autres suivent le pas, et à la dimension visible cette sélection se fait de manière divinement souveraine et progressive.

A titre exemplatif ; christ était venu seul sur la terre et au lieu de tout faire en étant toujours seul, c'est à dire tout conclure une bonne fois pour toute, il choisit le douze au milieu de multitudes afin que par ceux dernier la bonne nouvelle puisse atteindre le monde entier.

Et toujours dans les écritures nous voyons que les uns ont reçu le saint esprit ou le don de l'esprit tout droit du trône de DIEU sans un intermédiaire humain direct mais d'autres devraient passés par l'imposition de mains de leur semblable pour le recevoir.

Actes 2 : 1-4 ***« le jour de la pentecôte, ils étaient tous ensemble dans le même lieu. Tout à coup il vint du ciel un bruit comme celui d'un vent impétueux, et il remplit toute la maison où ils étaient assis. Des langues, semblables à des langues de feu, leur apparurent séparées les unes des autres, et se posèrent sur chacun d'eux. Et ils furent tous remplis du saint esprit et se mirent à parler en d'autres langues, selon que l'esprit leur donnait de s'exprimer ».***

2 Timothée 1 :6 ***« c'est pourquoi je t'exhorte à ranimer le don de DIEU que tu as reçu par l'imposition de mains. »***

Donc, chacun de nous étant destinée de la manière préférentielle et /ou particulière par Dieu pour jouer un rôle précis dans le monde, la famille, la nation, et le corps du christ, etc., a aussi reçu de capacités que les autres n'en ont peut-être pas, et est envoyé et glissé au milieu des autres progressivement selon la nécessité divine.

B. LA DIMENSION IMPERSONNEL DU DESTIN

Ici c'est la loi de « Quiconque » qui s'impose à tout le monde. C'est à dire DIEU a prévu d'avance de bénéfices ou rétribution de manière objective pour quiconque prendra telle ou telle autre position. C'est de cette loi que certains hommes dites avertis, ont taxés cela de « ***la loi de la nature*** », et ils ignorent que la nature a été créée par DIEU et c'est lui qui a disposé toutes choses selon sa puissante parole. C'est à dire tout existe par la parole de Dieu et rien n'existe sans elle.

Voici quelques versets bibliques qui illustres cette dimension parmi tant d'autres ;

- actes 2 :21 ***« alors quiconque invoquera le nom du seigneur sera sauvé ».***

- Jérémie 31 :30 « Mais chacun mourra pour sa propre iniquité, Tout homme qui mangera des raisins verts, ses dents en seront agacées ».

–job 27 :13 « voici la part que l'éternel réserve au méchant, l'héritage que le Tout puissant destine à l'impie ».

- Job 18 :21 « Point d'autres destinée pour le méchant, point d'autres sort pour qui ne connait pas Dieu.

Cette dimension renferme des principes assis sur plusieurs écritures bibliques qu'on n'a pas pu tous les énumérer. C'est ce que nous appelons les principes divins opposables à toutes créatures humaines en générale et les chrétiens en particuliers, que DIEU a mis à la disposition de tous par ses écritures afin que tout homme obéisse en s'y conformant.

III. L'HOMME ET LE DESTIN

Plusieurs personnes par ignorance et imprudence pensent que l'homme est le maitre de son destin. Et pourtant les écritures saintes (la bible) nous démontrent le contraire car, la destinée étant aussi définit comme ; -l'entreprise divine créée par Dieu et remis entre les mains de l'homme pour être gérer. Ceci revient à dire que l'homme n'est qu'un gérant et non un maitre. Dans genèse 2 : 16-17, nous constatons Dieu étant le souverain entrepreneur et maitre de la destinée de l'homme, avant de lui céder la gérance du jardin (sa destinée), Dieu a pris le temps de communiqué à l'homme les différentes instructions et règles de conduites qui doivent être observées pour protéger l'harmonie qui doit demeurer parfaite entre créatures et Créateur. Comme gérant ou intendant des œuvres créées par Dieu sur terre, l'homme a reçu auprès de Dieu l'autorité et les différentes qualités qui lui permettront de bien gérer le jardin (sa destinée, sa vie) ainsi que tout ce qui s'y trouvait. Au nom de cette autorité et qualités venues de Dieu, l'homme a la liberté de choix et des décisions mais cette liberté ne fait pas de lui maitre suprême mais tout simplement un gérant car, il a de limites que L'entrepreneur(Dieu) a placées autour de lui et qu'un jour, il devra rendre compte auprès de celui qui lui a confiait la gérant du jardin (sa vie).

Comme tout entrepreneur, quand Dieu élaborait le destin de l'homme, il le faisait seul avec sa pensée car, tout commence toujours et d'abord par la pensée avant l'intégration des autres.

3 vérités bibliques à savoir qui prouvent que l'homme ne pas maitre de son destin mais tout simplement un gérant :

A. Rendre compte auprès de Dieu

La destinée est aussi un plan divin que Dieu a déjà élaboré avant la création du monde et qu'il a cédé la gérance entre les mains de l'homme pour que celui-ci gère en toute responsabilité tout en sachant qu'il doit rendre compte devant le souverain entrepreneur (DIEU).

Il est écrit ; - ***d'ecclésiaste 11 : 9 « jeune homme, réjouis-toi dans ta jeunesse, livre ton cœur à la joie pendant les jours de ta jeunesse, marche dans les voies de ton cœur et selon les regards de tes yeux ; mais sache que pour tout cela Dieu t'appellera en jugement. »***

-deutéronome 30 :19 « j'en prends aujourd'hui à témoin contre vous le ciel et la terre : j'ai mis devant toi la vie et la mort, la bénédiction et la malédiction. Choisis la vie, afin que tu vives, toi et ta postérité, » par ces deux portions des écritures nous constatons que dans la destinée de l'homme, Dieu lui a donné une certaine liberté de choix et décisions mais cette liberté ne pas absolue mais relative en ce sens que l'homme a de limites, a des interdits qu'il doit ne pas ignorer car un jour il sera appelé en jugement pour répondre de ses actes. C'est au nom même de cette liberté mal interprétée par l'homme, que plusieurs pensent qu'ils ont le droit de tout faire, tout modifier, tout occasionner, tout court-circuiter selon que leur désir les oriente et chaque jour qui passe nous constatons le mal en train de gagner de plus en plus de l'espace dans le monde. Tout cela c'est par ce que l'homme ignore qu'il y a un Dieu qui voit tout, qui connait tout, et qui a promis qu'un jour, il appellera tout homme en jugement pour rendre compte de la gérance de sa destinée.

Il est écrit dans le livre ***d'ecclésiaste 8 : 8 « l'homme n'est pas maitre de son souffle pour pouvoir le retenir, et il n'a aucune puissance sur le jour de la mort ; il n'y a point de délivrance dans ce combat, et la méchanceté ne saurait sauver les méchants. »*** le souffle est l'élément principal qui tient et qui définit l'existence de l'homme. L'homme n'est rien sans le souffle de vie(respiration). Nous le voyons même dans la création de ce dernier, dans genèse 2 :7-8 où nous trouvons Dieu après avoir donné à l'homme la forme qu'il fallait mais, nous constatons que ce dernier était toujours inactif car il n'avait pas le souffle qui donne la vie et, c'est ce qui faisait qu'il soit semblable à une statue muette et immobile. Et pour conclure parfaitement son œuvre Dieu insuffla dans les narines de l'homme et celui-ci devint un être vivant et mobile. Cette portion des écritures nous révèle encore une fois que l'homme ne pas maitre de son destin car déjà il n'est pas maitre et n'a pas le contrôle sur son propre souffle qui est un élément principal qui définit et qui tient toute destinée, toute son existence et comment pouvons-nous lui accorder ce privilège d'être appelé maitre de sa destinée ?

Dans les ***psaumes 31 :16 il est écrit ; « mes destinées sont dans ta main ; délivre-moi de mes ennemis et de mes persécuteurs ! »***

B. La destinée est plus forte que l'homme.

La destinée est plus forte que l'homme en ce sens que, c'est à l'homme de suivre les traces de sa destinée et non le contraire, c'est à l'homme d'obéir aux exigences attachées ou liées à sa destinée et non le contraire, donc, c'est à l'homme de faire en sorte que ses choix et décisions correspondent à la nature de sa destinée. Comme nous l'avions défini ci-haut que, la destinée est une entreprise de Dieu gérer par l'homme.

C. incapacité de changer la nature de sa destinée.

Notre vrai bonheur se cache dans la destinée principale que Dieu nous a confiait, ou dans ce qui nous est destinée ceci revient à dire que l'homme ne peut pas déplacer son propre bonheur pour le placer dans une autre destinée, et ne peut pas changer la nature de celle-ci à une autre nature qu'il juge être bon pour lui. C'est à dire si Dieu te destine à être pasteur, saches que votre bénédiction, bonheur, et votre véritable bien-être se cache dans le pastoral et tu n'as pas le pouvoir de déplacer ta bénédiction qui est cachée dans le pastoral pour la placer ailleurs. L'homme par ses actes et décisions peut se détourner de sa destinée ou se rebeller contre celle-ci mais, il ne peut pas la changer ou la modifier. JESUS-CHRIST est couronner et est assis à la droite du père qu'âpres avoir suivi les traces de sa destinée sur la terre qui était celle de mourir à la croix et non ailleurs. Autrement on dira, son couronnement était conditionné par sa mort à la croix et non ailleurs, c'est-à-dire il n'avait pas le droit d'aller mourir dans une autre circonstance ou un autre endroit au risque d'échouer à sa destinée et ne pas être couronné. Et Christ pouvait se détourner ou se rebellé contre sa destinée mais, ne pouvait pas être couronné en empruntant d'autres chemins pour remplacer la croix et être couronner. Donc, en ceci nous éclaircissons encore une fois que, l'homme ne peut pas se choisir sa propre destinée mais il est appelé à la découvrir et travailler dure, il peut se rebeller contre celle-ci, fuir sa destinée peut être par ce qu'il n'en veut pas, mais ne peut pas changer sa nature authentique et l'accommoder à ses désirs égoïstes. L'homme est appelé à se contenter de la destinée que Dieu lui confie et travailler dure pour demeurer à la hauteur des défis qui entourent sa destinée.

CHAPITRE II :

LA CONNAISSANCE DE SOI ET DE SA DESTINEE.

I. CONNAISANCE DE SON ORIGINE

Il est important de noter que la vraie connaissance de soi commence aussi et d'abord par la connaissance de son origine. Ceci revient à dire que la vraie connaissance de soi, c'est la connaissance de son origine. Car celui qui ignore son origine, il lui est impossible de savoir son présent (où il est et qui il est véritablement) et son avenir.

Contrairement à ce que la science humaine nous enseigne, l'homme vient de DIEU, créé à son image et à sa ressemblance, former et installer par DIEU dans le jardin.

Tout n'a pas d'abord commencé dans le jardin d'Eden mais d'abord dans la pensée de DIEU.

Après que DIEU a chassé Lucifer de l'EDEN céleste, (le ciel) ce dernier a trouvé refuge ailleurs à l'extérieur du ciel loin de la face de DIEU c'est à dire sur la terre selon qu'il est écrit dans :

- apocalypse 12 :12 « c'est pourquoi réjouissez-vous, cieux, et vous qui habitez dans les cieux. Malheur à la terre et à la mer ! Car le diable est descendu vers vous, animé d'une grande colère, sachant qu'il a peu de temps. »

DIEU comprenant que Lucifer étant assoiffé de la gloire et de l'honneur, l'éternel a réalisé que ce dernier va certainement s'autoproclamer roi sur le territoire qu'il n'a pas créé. Et DIEU de sa part ne pouvait pas admettre qu'il soit DIEU dans les cieux et que quelques parts sur la terre qu'il ait une créature rebelle qui règne aussi en roi. Voilà pourquoi même CHRIST dans la prière de « notre PERE, il a dit ; notre père qui est dans les cieux, que ton NOM soit SANCTIFIER, et Que ton REGNE vienne que ta VOLONTE soit faite sur la terre comme au ciel ». Donc delà nous comprenons que puisse que DIEU est JALOUX il ne peut pas accepter que quelqu'un d'autre quelque part soit aussi adoré comme DIEU au même titre que lui. Voilà pourquoi DIEU a dépêché la création de l'homme et la place maitre sur toute création sur la terre et l'a introduit dans l'Eden terrestre.

Et il faut noter que la création physique était et est l'expression concrète de la création spirituelle. Il n'Ya rien qui puisse exister sur la terre sans retrouver son origine dans le ciel. Plusieurs de choses qui sont sur terre sont expression visible de l'invisible céleste, donc, de la même manière que les anges des DIEU ont bataillés contre le diable et ce dernier a était chassé du ciel, et le ciel été restauré et purifié, c'est cette même manière aussi que le diable sera chassé de la terre et jeté dans les régions les plus profondes de la terre et il y aura une nouvelle terre et un nouveau ciel. Mais après la chute de l'homme et nous allons comprendre que la terre qui était appelé être une copie certifiée conforme du ciel mais, suite cette désobéissance de l'homme, toute la création entière a perdu la perfection. Raison pour laquelle christ a promis venir rétablir toute chose et dans la prière de « NOTRE PERE » christ nous enseigne ; QUE TON REGNE VIENNE ! ET QUE TA VOLONTE SOIT FAITE SUR LA TERRE COMME AU CIEL. Puisqu'il a compris que le monde entier après la chute de l'homme était devenu sous la puissance du malin qui est le diable, et ce dernier règne en maitre, DIEU dans **Genèse 6** déclare ; « l'éternel dit ; le cœur de l'homme est tourné vers le mal et ne médite que le mal, ».

Le diable dans sa malice s'est arrangé a imposé son influence dans le monde en mettant en place plusieurs fausses croyances (divinités et plusieurs faux seigneurs), philosophies, et cherche à surcharger l'homme juste pour qu'il éloigne l'homme de plus en plus de la vérité.

Pour mieux comprendre que DIEU est conscient de l'autorité et puissance du diable sur la terre et nous aussi devons en être conscient, lisons ces quelques verset biblique ;

- Genèse 6 : 5 « l'Eternel vit que la méchanceté des hommes était grande sur la terre, et que toutes les pensées de leur cœur se portaient chaque jour uniquement vers le mal. »

-1 jean 5 : 19 « nous savons que nous sommes de Dieu et que le monde entier est sous la puissance du malin. »

- éphésiens 6 : 12 car nous n'avons pas à lutter contre la chair et le sang, mais contre les dominations, contre les autorités, contre les princes de ce monde de ténèbres, contre les esprits méchants dans les lieux célestes.

-jean 17 :15 « je ne te prie pas de les ôter du monde, mais de les préserver du mal. »

Donc, de manière simple nous pouvons en déduire que « nous sommes sur le territoire ennemis » sachant que le monde ne nous appartient pas de la même manière qu'Adam a cédé le territoire au diable par son péché, nous aussi nous empirons la situation par nos différentes attitudes sans compter le mal que nous avons hérité d'Adam.

II. LA CONNAISSANCE DE SA DESTINEE

La destinée de l'homme est un mystère difficile à dévoiler dès les premiers pas mais, facile à découvrir si et seulement si on emprunte un bon chemin.

Plusieurs personnes soucieuses de connaitre leur raison d'être sur la terre des humains, empruntent le chemin de tâtonnements et des suppositions, juste pour découvrir ceux qu'ils sont réellement, et ceux qu'ils peuvent devenir dans l'avenir Et pourtant, la vérité ne pas loin de nous mais, puisque l'homme est souvent attiré par ce qui brille et frappe aux yeux, il se laisse souvent emporter par tout vent contraire à sa destinée.

En se même ordre d'idée, les uns se mettent à la recherche de leur talent ou point fort c'est-à-dire, découvrir dans quel Domain ils sont aptes et une fois trouvé, ils se donnent corps et âme en se disant que c'est certainement ça leur destinée. Et vous verrez les autres par ce qu'il est apte à la pêche, il fait de cela automatiquement son destin principal, et d'autres encore étant influencer par leurs parents ou ainés dans tel ou tel autres Domain, ils se disent automatiquement que c'est ceux-là aussi leur destinée. Et portant, toute cette procédure ou manière de faire les choses telle qu'évoquées ci haut, ne sont fiable qu'a 49 pourcent. Car dans la plupart des cas, ce que l'on pense être notre destinée principale, n'est qu'un tremplin (destin secondaires) qui nous amène dans notre destinée principale.

A. MON PARCOURS

Pendant que j'étais encore dans le monde, j'ignorais ma raison d'être sur la terre, je vivais comme tout le monde, dans les tâtonnements, cherchant à savoir de quoi je suis capable ou quel est mon point fort afin de pouvoir me lancer et me positionner dans la vie. Avant cela je pensais être appelé à jouer au foot et plusieurs personnes m'encourager car j'ai démontrais un talent spectaculaire, et j'étais convoitais par plusieurs personnes à tel point que les uns me disaient de tout abandonner pour me lancer dans la carrière footballistique, et pendant tout ce temps, je ne connaissais pas encore christ. Quelques temps après un ami de l'école me parlaient chaque jour de la bible pendant les heures de pauses, et me parlait aussi de visions eschatologique que

Dieu lui révélait et j'avais un peu peur d'entendre parler de ces visions.

Arrivé en 2006, Un jour pendant la nuit, dans une vision pendant que je dormais l'Eternel me révèle ce qui arrivera dans la suite de temps, en me montrant l'enlèvement, le jugement dernier, comment est-ce que les hommes seront jugés de leurs actes par Dieu. Après m'être réveillé, je suis allé relater à ma mère ce que j'avais vu car, pendant ce temps-là, c'est notre maman qui était plus attachée à de mouvements de prière et avait déjà une église d'attache où elle priait régulièrement. Et quand je la relatais la vision, elle en profita pour me parler ce que L'éternel Dieu lui avait révéler me concernant. Elle me relate en disant ; *« pendant que j'étais dans son ventre à quelques mois de la grossesse, la vie était très difficile déjà avec mes trois grands frères et notre sœur ainée, alors elle décida de m'avorter. Et après avoir tout planifié comment procéder, elle se reposa et dormie un peu. Et c'est alors que dans une vision, un ange du Seigneur lui est apparu et lui menaça de ne pas oser m'avorter sinon, c'est elle qui allait mourir à ma place car dit-il l'enfant que tu portes dans ton ventre est un serviteur de Dieu ».et appart elle, plusieurs autres prophètes et serviteurs de Dieu l'ont affirmé et chacun à sa manière selon que l'esprit les animait.*

Après cette histoire ma mère insista en me disant la vision que Dieu t'a montré c'est pour déjà t'interpeller que tu es serviteur de Dieu et il m'a déjà parlait de toi pendant que tu étais encore dans mon ventre à quelques mois de la grossesse. Et, depuis cette conversation avec ma mère, tout été devenu différent dans ma vie, l'éternel m'a d'abord ouvert le Domain prophétique, je pouvais voir de choses avec de détailles impressionnant pendant la journée n'importe quand, et dans n'importe quelle circonstance. Voire même il m'arrivé d'avoir de visions pendant que j'étais en train de jouer au foot dans le terrain, Dieu me révélait de choses concernant les particuliers et le monde.

Arriver en en 2008, mon ministère fut reconnu par le Pasteur Rossy et sa femme la prophétesse Plamedi à l'église Cité de Paix à N'Djili. Et par la prophétesse, l'éternel me parla qu'il va m'orienter de sa manière pour que je devienne ce qu'il veut que je sois. Le soir arrivé, pendant la nuit l'éternel me dit qu'il va me diriger vers plusieurs écoles pour que j'apprenne beaucoup.

Quelques mois après l'éternel m'orientèrent vers un groupe de prière dans lequel il y avait plusieurs serviteurs parmi lesquels, il y avait ; un pasteur, un évangéliste, 2 berger. Un jour pendant après la prière du soir, Dieu leur convainc tous de faire de moi le conducteur principal de ce groupe de prière et tous étaient devenus sous ma direction. Et pendant ce temps-là Dieu a commencé à m'utiliser plus dans le Domain prophétique et de délivrance, donc, et ce moment-là, je n'avais pas le reflex de beaucoup prêché. Et en ce temps-là les gens aimaient m'appelés prophète. Et quelques années après, Dieu me parle que je dois replonger dans la musique car depuis le jour où mon ministère fut reconnu je ne m'intéressais plus à la musique au point que je ne chantais plus comme avant et ne m'intéressais plus à ça comme avant. Alors, je m'étais aussi lancer dans le monde de chantres et je fus invité par une servante de Dieu à former le groupe d'adoration de leur église située à Dili quartier 4 l'église s'appelait AVC. Étant devenu très artiste je commençais même à négligeais le Domain prophétique et de la délivrance. Alors, Dieu par sa manière de faire les choses, la vie était devenue très compliquée à ce temps-là, ma famille et moi sommes retrouvés à Masin sirocco en 2009, et jetais incapable financièrement de continuer à partir prière et encadrer les chantres à Dili avec d'autres réalités sociaux familiales. Et un jour, Dieu me dit de rester à la maison jusqu'à ce qu'il va m'orienter vers une autre Eglise alors, je suis restais à la maison et la grâce de Dieu sur moi était toujours opérationnelle, au point que je pouvais prophétisais, faire de délivrance, et prêcher. Arriver en 2012 Dieu m'orienta vers son serviteur qui est quelqu'un attacher à la saine doctrine le Patriarche l'Apôtre Oit Damas d'où j'ai découvert que je pouvais aussi enseigner la parole de Dieu au point de tenir ma première conférence eschatologique en 2014. Et pendant ce temps-là, par ces différentes conférences, les uns avaient plus tendance à m'appeler docteur. Et sur le point de vue social appart le football, il y a un temps où j'étais dans la faculté de Droit et les gens ainsi que moi-même on se disait, certainement je suis appelé à devenir un grand juriste, en même temps aussi j'étais un professeur aux humanités et secondaires où je dispensais les cours d'anglais et les cours à caractères littéraires. Et après toutes ces années, Dieu m'envoi encore auprès d'un autre Père le Bishop Emmanuel Mupangilay, qui est pour moi un forgeron que Dieu m'a donné afin de m'aiguiser d'une autre manière. Et aujourd'hui je me rappel du message que Dieu avait dite à sa servante la prophétesse platerie et aussi par moi-même qu'il va m'orienter vers plusieurs écoles pour que j'apprenne les leçons qu'il a lui-même prévu pour moi donc, voilà la raison d'être de tout ce parcours et reconnaissance. alors, si je dois me résumé, je dirais ; il y un temps ou une époque où les gens m'appelé un bon joueur de football et disais que je suis appelé à jouer au foot, quelques année après les autres m'appellent maestro par ce qu'ils estimaient que je faisais bien ma musique et que je suis appelé seulement à faire ça , les autres encore m'appelaient prophète, les autres docteur, les autres m'ont dit que je suis un bon juriste car je fus parmi ceux-là qui défendais bien les notions de droit pendant que j'étais étudiant. Alors, la question se pose s'il faut seulement se contenter de ce que les gens et moi-même prétendons que j'ai comme dons, ministère, ou talent alors, Qui suis-je ? ou, qu'est-ce que j'ai comme mission précise et principal à accomplir pendant mon séjour sur la terre des humains ?

Donc, j'ai pris le temps de résumé en quelques mots mon histoire et parcours ministériel juste pour nous démontré que le destin de l'homme sur la terre est difficile à comprendre dès le premier pas, mais c'est facile à le découvrir, il suffit seulement de poser la question à Dieu. Or dans tout ce que je viens d'énumérer comme prétentions que les gens ont sur moi par rapport à ma destinée, une seulement est ma destinée principale et les autres ne sont que des destins secondaires qui ont étaient orchestrés par Dieu pour faire de moi ce que je suis.

David avait comme destinée principal servir Dieu, être l'une de figure de Christ dans l'ancienne alliance car si nous comparons, on comprendra qu'une bonne partie de son parcours prophétisait la vie du christ. mais, il y un temps où, les gens l'appelés berger par ce qu'il passait tout son temps à paitre les brebis de son père, quelques temps après, il était considérait comme maestro par ce qu'il jouait très bien à la harpe au point que les esprits mauvais qui tourmentaient Saül le quittaient pendant que David jouait, quelques temps après, il fut compté parmi les héros généraux de guerres justes par ce que dans toutes les batails qu'il livrait, il ramenait la victoire au pays, et quelques temps après, il est designer parmi les grands psalmistes par ce qu'il avait de très fortes inspiration des chants, et d'écritures, et enfin, il mourut étant Roi.

Un autre exemple est celui de L'apôtre Pierre qui avait comme destinée, être l'un des piliers sur qui Christ devrait bâtir son église mais, nous constatons quelques années avant, il fut un expérimenté dans le domaine de la pèche de poissons, alors la question se pose, quelle a été la destinée principale de Pierre est-ce la pèche ou l'Apostolat ? La réponse est simple, c'été l'Apostolat car, la pèche n'été qu'une école qui préparait son caractère à bien affronter la particularité de sa destinée ou mission.

Donc, Une chose peut prendre une bonne partie de ta vie sans être ta destinée principale Car, Dieu avant d'exposer son serviteur ou le lancer à des grands défis, il prend tout son temps de le préparer. Christ a vécu sur la terre pendant 33 ans mais, durant 29 ans il était en train de faire autres choses (destins secondaires) et c'est à l'âge de 30 ans qu'il entra pleinement dans sa destinée principale et exerça celle-ci pendant seulement 3 ans.

Plusieurs personnes ignorent que l'homme n'a pas qu'un seul destin, il en a plusieurs mais groupés en deux. Nous avons d'une part le DESTIN PRINCIPAL ET d'autre part LES DESTINS SECONDAIRES.

Avant d'aller plus loin nous il est important de noter que dans tous les cas DIEU a déjà réglé la question de la destinée de toute création et créature humaine en générale c'est à dire (, tout croyant, et tout chrétien, tout païen donc, chacun de nous en particulier).

Dans la pensé parfaite de DIEU l'homme était appelé non seulement à vivre dans la paix et les bonheurs sur la terre mais demeurer éternellement gérant de tout. Mais, par manque de l'obéissance à Dieu, l'homme pèche et tout devient compliqué et par conséquent, l'homme est chassé loin du jardin des délices. Dieu étant AMOUR, il a quand même arrangé les choses des manières que l'homme puisse retrouver le chemin du salut et avoir de quoi satisfaire ses besoins tant physiques que spirituel mais de manière ordonner.

Pourquoi de manière ordonner ?

R / par ce que DIEU sachant que le monde sera remplit d'hommes selon qu'il est écrit dans ***genèse1-22« multiplier vous et remplissez la terre »*** et l'éternel devrait s'assuré que tout soit ordonner.

Là où il Ya l'ordre, il Ya l'équilibre et par conséquent on expérimentera les survis de tout le monde et cet ORDRE s'explique par ; la DIVERSITE des Destins les uns des autres.

Là où tout le monde EST et se comporte comme Tout le monde, alors attendez-vous à la disparition de tout le monde et ça sera une catastrophe qui s'explique par la souffrance de tout le monde. Imaginez que vous alliez dans une ville dans laquelle tous les commençants vendaient la même chose et que tout le monde faisait la même chose de la même manière, QU'Est serait la suite vitale de cette ville, si c'est ne la disparition totale et la souffrance généralisé.

Donc, il est important de noter que chacun de nous est appelé à être unique à son genre sachant qu'il y a et y aura toujours quelques choses qui te différencie de l'autre. Alors, le mieux à faire c'est de découvrir son destin, c'est à dire, son rôle spécifique à jouer pour lequel Dieu t'a créé et t'envoyé dans tel ou tel autre coin du monde (famille, nation, territoire, et le monde en général) il ne faut jamais souffrir de complexe mais plutôt accepte et aime la diversité sachant qu'un jour tu rendras compte de tes faits et gestes devant l'éternel Dieu.

Voilà pourquoi le saint esprit nous a inspiré ce message pour rappeler à quelqu'un d'être ce qu'il doit nécessairement être et bien jouer son rôle c'est à dire être et demeurer authentique car, nous ne sommes pas tous appelé à vivre comme tout le monde il faut que chacun de nous se concentre en faisant et entretenant bien son destin.

Alors question se pose, comment découvrir son destin ?

B. COMMENT DECOUVRIR SA DESTINEE ?

Le meilleur et l'unique moyen de découvrir son destin c'est de demander DIEU, par ce que s'est lui qui est le maitre d'œuvres de toute créatures, et c'est lui qui distribue à chacun sa destinée.

Comme nous l'avions dit ci-haut ; - la destinée est tout simplement le rôle à jouer de chacun de nous, la mission pour laquelle on a était créé et envoyé sur la terre des humains. Donc, c'est comme si on était dans un film ou terrain de football où chacun a son rôle, son poste, et a derrière lui les attentes divines c'est à dire ce que DIEU attends de lui.

Alors comment interroger DIEU ?

R/ c'est d'abord en étant en contact avec Dieu par l'écoute de sa parole, la prière et méditations de DIEU.

1) ECOUTE DE LA PAROLE DE DIEU.

À la lumière des écritures, il est important de comprendre que les saintes écritures sont divisées en deux grandes parties d'une part nous avons celles qui cachent les enseignements de la loi de Dieu venus par Moise le prophète majeur et, tous les autres prophètes n'ont fait que répétés moise mais chacun à la limite de capacités que Dieu les lui a dotées. Et c'est ce qui a fait ce que l'on appelle, « l'ancienne alliance ». Celle-ci ne parlait que de JESUS-CHRIST à la dimension de l'ombre de choses à venir avec des langages purement prophétiques.

Au fil des années, puisque l'ombre doit ne pas exister pour toujours, il a fallu que la révélation vienne par JESUS-CHRIST le porteur parfait de la Grace et de la vérité.

À son arrivé, il nous a révélé la vraie portée et compréhension de la loi par les quatre évangiles synoptiques, et les autres livres de ses différents apôtres qui à leur tour nous ont révélés plusieurs vérités que la loi voilée mais qui étaient cachaient en JESUSCHRIST DIEU, et c'est ce qui constitue la « NOUVELLE ALLIANCE ».

DIEU exprime sa volonté dans sa parole, celle-ci comme dit David dans **« psaumes 119 ; 105 »** ; ***« ta parole est une lampe à mes pieds, et une lumière sur mon sentier ».***

La parole de DIEU éclaire tout en nous et tout ce qui nous appartient, elle nous oriente, nous révèle des choses qu'on ignorés en nous montrant où allé et où ne pas aller et cette parole de DIEU faite chaire c'est jésus christ et IL DIT ; « JE Suis LE CHEMIN, LA VERITE ET LA VIE ».

LE CHEMIN ; - celui qui demeure fidèlement sur le destin que christ lui a tracé (destinée), ne sera jamais couvert de honte. Même si le début semble être difficile mais, ne trahis pas ton authenticité (ton destin, ta mission) car lorsque l'on s'éloigne de son destin, on s'éloigne du but de son existence et s'éloigner du but de son existence c'est rejeter la volonté parfaite de DIEU car ton bonheur se trouve dans la destinée que JESUS CHRIST a tracé pour toi.

LA VIE ; il faut comprendre qu'être en vie c'est ne pas l'effet d'exister et/ou avoir toutes les richesses du monde c'est la conséquence d'être enfant de JESUS CHRIST étant ton SEIGNIEURE ET TON DIEU, et vivre en intimité avec lui.

Il faut encore noter qu'on est tous créatures de DIEU mais on n'est pas TOUS enfant de Dieu, c'est à dire on ne nait pas enfant de DIEU mais on le devient car il est écrit ;

-Jean 1 ; 12-13 ; « mais à tous ceux qui l'ont reçue, à ceux qui croient en son NOM, elle a donné le pouvoir de devenir enfants de DIEU, lesquels sont nés, non du sang ni de la volonté de l'homme, mais de DIEU. »

Donc, pour être enfant de Dieu et pour qu'il soit votre père, il faut recevoir JESUS-CHRIST car il est l'unique chemin qui mène vers le PERE, il n'y en a pas deux. ***Jean 14 :6 « JESUS***

lui dit : je suis le chemin, la vie, et la vérité. NUL NE VIENNE AU PERE QUE PAR MOI. »

LA VERITE ; il n'y a pas de la vérité en dehors de la parole de DIEU car celle-ci est vérité et vie. Et dans tout ce qui concerne notre destin, seul Dieu détient des vraies et bonnes réponses à tous nos questions et suggestions. Ne peut avoir la bonne réponse et solution sur la chose, que celui qui a créé celle-ci, et Dieu étant notre créateur, il est aussi souverainement le seul mieux placé pour résoudre tous nos équations qui semblent être extrêmement difficile pour nous mais devant sa toute-puissance rien ne peut lui faire face, et résister.

Et cette parole se révèle par 4 dimensions selon qu'il est écrit dans ;

- 1corinthiens 14 ; 6 « et maintenant, frères, de quelle utilité vous serais-je, si je venais à vous parlant en langues, et si je ne vous parlais pas par la révélation, ou par connaissance, ou par prophétie, ou par doctrine ? » cette portion des écritures nous montrent ces 4 dimensions ou portées :

- le volet doctrinal

- Le volet connaissance

- Le volet de la prophétique

- Et le volet de l'enseignement.

Et parmi ces volets nous allons un tout petit peu développer seulement deux volet ; doctrinale prophétique.

a. La dimension scripturale et/ou doctrinale des écritures.

Celle-ci renferme les enseignements que nous donne les écritures, d'une part christocentrique, et d'autres parts christologiques.

Toute la bible de genèse à l'apocalypse parle de JESUS-CHRIST, c'est à dire ; sa personne, sa volonté, sa puissance, et son plan pour l'humanité en générale et pour chacun en particulier.

Selon qu'il est écrit dans ;

-jean 1 :45 « Philippe rencontra Nathanaël et lui dit : nous avons trouvé celui de qui Moise a écrit dans la loi et dont les prophètes ont parlé, JESUS de Nazareth, fils de joseph. »

-Jean 1 :17 « car la loi a été donnée par Moise, la grâce et la vérité sont venues par JESUS-CHRIST ».

b. La dimension prophétique des écritures.

1) Le prophète et la prophétie

Le ministère de prophète est l'un des cinq ministères de perfectionnement des saints en vue de l'œuvre du ministère et de l'édification du corps du christ, jusqu'à ce que nous soyons tous parvenus à l'unité de la foi de la connaissance du fils de Dieu, à l'état d'homme fait à la mesure de la stature parfaite de christ, » tel qu'écrit dans les épîtres aux éphésiens 4 : 12-13.

2) C'est qui un prophète ?

LE dictionnaire biblique nous définit de de la manière suivante :

Le mot prophète vient du grec, prophètes, de pro, avant, ou devant, et phemi, dire. « Prophète » peut donc designer, soit celui qui dit avant, dans le sens de prédire, soit celui qui dit devant, c'est à dire qui déclare hautement et publiquement, dans le sens de professer. Et dans la langue courante, le prophète est l'homme qui éclaire ses semblables, celui qui par lequel la divinité transmet sa volonté, celui qui, extatique ou non, explique les oracles, qui interprète une doctrine ou qui possède un don de seconde vue et qui annonce l'avenir.

Il est aussi appelé *rôéh = voyant,* ou *nâbi* , mot d'origine incertaine et peut être non sémitique par lequel on désignait en Israël le porte-parole de Yahvé. Et on parlait aussi de *nebîâh*= prophétesse.

Simplement étant chrétiens nous le définissons comme étant le porte-parole de L'éternel Dieu qui, inspirer par le Saint-Esprit, apporte à l'Eglise ou à même à un individu selon le cas, une révélation qui peut exprimer la direction divine par rapport à une marche, attitudes, position à prendre face à une situation donnée.

Son message peut venir corriger, blâmer et même annoncer les évènements avenir agréable ou désagréable soit-il. En occurrence nous voyons le prophète Élie annoncer un évènement désagréable dans le livre de :

-1Rois17 :« Élie, le thischibite, l'un des habitants de Galaad, dit à Achab : l'éternel est vivant, le DIEU d'Israël, dont je suis serviteur ! Il n'y aura ces années-ci ni rosée ni pluie, sinon à ma parole ». ET d'autres part nous voyons aussi le prophète Élie qui annonce un évènement agréable dans ***1 ROIS 17 :14 ; « car ainsi parle l'Eternel, le DIEU d'Israël : la farine qui est dans le pot ne manquera point, et l'huile qui est dans la cruche ne diminuera point, jusqu'au jour où l'éternel fera tomber de la pluie sur la surface du sol ».***

Le prophète est un messager et un interprète de la parole de DIEU. Cela est exprimé nettement par les deux passages parallèles ***d'exode 4 : 15-16, Aaron sera l'interprète de Moise comme s'il était sa « bouche » et que moise fut « le dieu qui l'inspire », et on voit au chap. 7 : 1, moise sera « dieu pour pharaon » et Aaron sera son « prophète, nâbi ; »*** et on voit aussi le prophète Jérémie, DIEU lui dit ; ***« je mets en ta bouche mes paroles » Jérémie 1 :9.***

Le prophète a et doit avoir conscience de l'origine divine du message qu'il transmet, et l'on voit la formule introductive ; « ainsi parle l'éternel », ou « parole de Yahvé », ou encore « oracle de Yahvé ».

Et cette parole qui lui est venue s'impose à lui et il ne peut la taire.

Nous voyons avec le prophète Amos qui dit dans ***Amos 3 : 8 « le seigneur DIEU parle, qui ne prophétiserait ? »***

Les prophètes ont été envoyés pour signifier ou transmettre la volonté de DIEU et aussi pour être eux même de « *signes* » à tel enseigne que non seulement leur parole, mais aussi leurs actions, leurs vies, tout est prophétie, et c'est ce qui même différencie un prophète de ministère de celui qui a tout simplement le don de la prophétie.

A titre d'exemple : nous voyons le mariage réel et malheureux d'osée est un signe « osée ». Et on voit aussi Isaïe doit se promener nu pour servir de présage. ***Isaïe 20 :3, « et l'Eternel dit : de même que mon serviteur Isaïe marche nu et déchaussé, ce qui sera dans trois ans un signe et un présage pour l'Egypte et pour l'Ethiopie, »***

Dans le développement religieux d'Israël, les prophètes ont joués un rôle considérable Non seulement ils ont maintenu et guidé le peuple dans la voie de l'éternel, mais ils ont été des principaux piliers de l'évolution ou progrès dans le domaine de la révélation. Et dans cette action multiforme, chacun a eu son rôle propre et chacun a apporté sa pierre particulière à l'édifice doctrinal.

3. Don de prophétie et ministère prophétique

Ces dernières années, le ministère prophétique a souvent été mal compris par les chrétiens qui ont toujours tendance à n'en retenir qu'un seul aspect qui est la manifestation des dons de l'Esprit qui accompagnent un prophète dont nous avons ; - la prophétie ; qui consiste à prédire des choses futures de manière générale sous l'inspiration divine.

- paroles de sagesse ; consiste à donner des directions, positions ou attitudes à prendre de manière très précise concernant tel ou tel autre préoccupation.

- parole de connaissance ; consiste à identifier quelqu'un ou quelques choses de manière beaucoup plus précise, et nous transmettre ou révéler des informations cachées parfois passées et présentes de manière claire et exacte.

Nous devons avoir une vision plus précise de ce qu'est le ministère prophétique et de son importance pour l'église du seigneur et plus clairement pour les enfants de DIEU et même pour l'humanité entière car le message prophétique peut aussi intéresser les païens en générales car par un prophète, DIEU par son amour peut nous avertir de l'arrivée d'une catastrophe naturelle cruelle ou même spirituelle afin que les hommes se préparent à l'effronté ou se défendre. Nous voyons même cela à l'époque de joseph en Egypte, Dieu par son amour voyant l'arrivée de la sècheresse, averti l'Egypte bien que celle-ci été une nation païenne. Et joseph après avoir en apporté l'interprétation, ils ont pu affronter la catastrophe alimentaire qui frappa l'humanité entière et l'Egypte qui été averti par Dieu fut épargné et été une source de secours et d'approvisionnement pour les autres pays.

L'apôtre Paul nous encourage tous à désirer les dons spirituels, particulièrement le don de prophétie. Mais le fait qu'un chrétien prophétise, ne fait pas de lui un prophète, Nous devons vraiment comprendre ce point car aujourd'hui, de nombreuses personnes se déclarent elles-mêmes prophète tout simplement parce qu'elles prophétisent. Les quatre filles de Philippe l'évangéliste n'étaient pas prophétesses même si elles prophétisaient (Actes 21 :8-9).

Et même dans le livre de ***Joël 2 ; 28 il est écrit clairement que « dans les derniers jours dit DIEU, je rependrai de mon esprit sur toute chaire, vos fils et filles prophétiseront et les vieillards auront des songes et vos jeunes gens des visions, sur mes serviteurs et servantes, je rependrai de mon esprit ».***

Donc, ici nous comprenons que dans ce temps de la fin DIEU veut qu'une majeure partie de son peuple prophétise.

La bible n'a pas dit que dans les derniers jours je rependrai mon esprit sur toute chaire et vos fils et vos filles auront le ministère de prophètes, mais la bible dit ; ils prophétiseront c'est-à-dire, ils peuvent ou ne pas être prophètes de ministères mais ils prophétiseront quand même les uns après avoir aspiré à cela et les autres étant un don authentique et inné, et d'autres par ce qu'ils sont authentiquement prophète de ministère. Et comme nous l'avions cité ci-haut que même par l'apôtre Paul DIEU nous recommande de désirer l'onction prophétique car il sait son importance pour ce temps de la fin.

Le prophète de ministère manifeste lui aussi des dons spirituels, mais en lui DIEU déverse l'onction et de l'autorité beaucoup plus large de celui qui a simplement le don de la prophétie a tel enseigne que le prophète apporte en plus, un discernement et une vision spirituelle que Dieu utilise non seulement pour édifier mais voire même selon le cas, établir l'Eglise.

4. Le prophète de l'Ancienne Alliance

Dans l'ancienne alliance les écritures nous démontrent l'une des principales facettes d'un prophète du ministère qui était de ramener le cœur du peuple de Dieu vers Lui par la repentance.

Dans 2 Samuel 12, nous voyons comment Dieu a délégué le prophète Nathan pour aller voir le roi David qui avait péché en prenant la femme d'un de ses soldats au nom d'Urie pour en faire sa femme, au point de planifier la mort de l'époux dans le but de demeurer avec la femme longtemps que possible sans quelqu'un qui puisse l'inquiéter mais, La parole prophétique de Nathan a condamné l'acte de David, en produisant en lui une tristesse selon Dieu qui amène à une repentance sincère. Cette facette de l'autorité de Dieu est puissamment démontrée à travers l'onction prophétique.

Le prophète de l'Ancienne Alliance avertissait le peuple pour qu'il puisse éviter le jugement de Dieu. La parole prophétique venait d'une manière claire et directe, distinct et exposait l'état de son cœur. Dieu a ainsi oint différents prophètes pour apporter un message sans compromis, qui produisait une grande conviction et une crainte de Dieu. Quand le prophète "sonnait de la trompette", le peuple savait que Dieu lui parlait sérieusement. Malheureusement, il endurcissait souvent son cœur vis-à-vis de Sa parole.

5. Le prophète de la Nouvelle Alliance

La première chose que nous devons comprendre c'est que, sous la Nouvelle Alliance aussi, un vrai prophète ne prophétise pas seulement de bonnes choses c'est-à-dire, celles agréables aux oreilles de l'homme. L'onction prophétique devrait produire la crainte de Dieu dans l'Eglise, parce qu'elle dévoile le péché et proclame le chemin de la sainteté et de la sanctification.

Le meilleur exemple du ministère prophétique dans le Nouveau Testament est celui de Jésus lui-même. Dans ***Matthieu 3 :12, « Jean- Baptiste déclare : "Il a son van à la main : il nettoiera son aire, et il amassera son blé dans le grenier, mais il brûlera la paille dans un feu qui ne s'éteint point.*** » Jésus est venu prêcher un message de repentance, de purification, de séparation et de jugement, mais toujours avec un cœur rempli de grâce et d'amour. Dans Matthieu 21 :12-13, nous Le voyons manifester l'onction prophétique. Lorsqu'Il a vu des personnes acheter et vendre dans le temple, une sainte colère s'est emparée de Lui, Il a pris un fouet et a chassé les marchands. Cet aspect de Son ministère est souvent mal compris. Le Seigneur agissait dans la grâce et dans l'amour même lorsqu'Il s'exprimait de cette façon, parce qu'il fallait confronter et réprimander ceux qui considéraient la maison de Dieu comme un marché. Dieu choisit de parler de différentes manières mais Son cœur ne change jamais. Il est un Dieu d'amour et de miséricorde, mais Il est aussi un Dieu de justice et de vérité dont les attributs divins s'expriment à travers l'onction prophétique.

Le prophète est appelé à un travail très spécifique de purification dans l'Eglise des derniers jours, qu'aucun autre ministère ne peut accomplir. S'il y a du péché, un vrai prophète va le déclarer sans crainte, mais jamais avec une autorité charnelle. De la sorte, l'Eglise ne va pas se sentir condamnée, mais elle va ressentir le cœur du Seigneur qui veut la conduire à la repentance. Le moment vient où les prophètes vont apporter une lumière là où il y a des ténèbres et exposer les motivations cachées des cœurs. L'onction prophétique apporte avec elle la purification et la séparation dans les cœurs des chrétiens.

Dans la Nouvelle Alliance, nous pouvons voir un autre aspect important de l'onction prophétique, comme ***dans Ephésiens 2 :20 « vous avez été édifiés sur le fondement des apôtres et des prophètes, JESUS-CHRIST lui-même étant la pierre angulaire. »***

D'après les vies de Paul et Barnabas, il est très clair que le prophète travaille étroitement avec l'apôtre pour poser la fondation de l'Eglise. Ces deux ministères ont une autorité spirituelle plus grande que les trois autres. L'apôtre reçoit et transmet la révélation de Christ, et le prophète s'assure que l'Eglise demeure dans la vérité et la saine doctrine.

6. CONTROVERSE AUTOUR DU PROPHETE ET DE LA PROPHETIE

Vue le caractère complexe du prophétique, DIEU par ses écritures a mis en place des garde-fous parmi lesquels, il est écrit dans

1 Thessaloniciens 5 : 20-21,

« 20, ne méprisez pas les prophéties ».

« 21, Mais examinez toutes choses et retenez ce qui est bon ».

Comme tous les autres dons de l'esprit, la prophétie est aussi combattue, minimisée, convoitée, juste par ce que les hommes le jugent être spectaculaire et attirant de par son exercice, et ceci ne pas surprenant d'autant plus qu'il est écrit dans ***1 Timothée 4 ; 4 « car tout ce que DIEU a créé est bon, et rien ne doit être rejeté, pourvu qu'on le prenne avec actions de grâces, »***

Nous constatons chaque jour que, tout ce qui vient de DIEU a nécessairement sa raison d'être selon qu'il est écrit dans **proverbes 16 : 4 « L'éternel a tout fait pour un but, même le méchant pour le jour du *malheur* ».** Voilà pourquoi la bible dans le verset 20, nous interpelle de ne pas méprisez pas la prophétie.

Dans ces derniers temps que nous vivons, Dieu ramène l'ordre dans Son Eglise aussi par l'onction prophétique.

C'est qui revient à dire que la prophétie est aussi importante pour la foi chrétienne comme tout le reste de dons de l'esprit.

Les écritures ont aussi une portée prophétique annonçant de manière énigmatique les évènements avenir que l'humanité vivra. Et en celle-ci nous retrouvons des avertissements prophétiques que les différents prophètes de la bible ont prophétisés lesquels certains ont déjà vu l'accomplissement en occurrence ;

- la prophétie messianique d'Esaïe le prophète qui annonce la naissance de_JESUS-CHRIST ***Esaïe 7 :14 « c'est pourquoi le seigneur lui-même vous donnera un signe, voici, la jeune fille deviendra enceinte, elle enfantera un fils, et lui donnera le nom d'Emmanuel »***

_ La prophétie Joël 2 :28 annonçant l'effusion de saint esprit et celle-ci a déjà aussi vue le jour dans les actes des apôtres 2 :1-4 etc., et nous avons aussi d'autres part les prophéties qui ne sont pas encore accomplies exemple ; la prophétie eschatologique (annonçant le retour de Christ, la fin de temps et le jugement dernier)

Et petit à petit, chaque prophétie des écritures s'accomplie au moment fixé par Dieu.

Donc, en matière de la découverte du destin la prophétie a aussi une importance majeure et en harmonie avec les écritures, nous découvrons que le don de la prophétie qui est sur plusieurs enfants de DIEU se caractérise aussi par des messages prophétiques concernant une personne ou un groupe des personnes de manière particulière, dans un temps, espace, et circonstance bien précise.

Et nous retrouvons dans les écritures un phénomène appelé communément aujourd'hui ;

7. La consultation prophétique

Cette dimension trouve son origine lointaine depuis l'ancienne alliance où l'on retrouve le peuple de Dieu qui avait coutume d'aller consulter les prophètes pour connaitre la volonté de Dieu de manière particulière par rapport à leur différentes préoccupations bien qu'ayant déjà la loi et les différentes instructions non seulement d'ordre tant spirituel que moral que DIEU leur avait donné par moise qui concernées tout le monde de manière générale, mais, à côté de celles-ci, DIEU instaure la culture de consultation prophétiques pour permettre au peuple de DIEU de découvrir la pensée de Dieu de manière beaucoup plus particulière , avoir des différentes orientations par rapport à un choix, une décision et une position à prendre notamment ;

- nous retrouvons à l'époque de Saul qui consulta Samuel pour savoir où se trouvaient les ânesses de son père ***« 1samuel 9 :3,20 ».*** – et nous retrouvons aussi le prophète Michée qui fut consulté par les rois, pour savoir s'ils doivent renoncer ou aller à la guerre « ***1rois 22 :14-19* »**.

- et nous avons aussi l'exemple du prophète Elysée qui fut aussi consulté par les rois. ***« 1rois 3 :13-17 ».*** Pour savoir s'ils seraient vainqueurs au cas où ils livraient batail.

Et ce n'est pas seulement les hommes qui partaient vers les prophètes mais nous voyons aussi Dieu qui envoie ses prophètes vers les individus pour leur transmettre des messages de manière aussi particulière.

Donc c'est ce que nous appelons le *prophétique au quotidien* qui est aussi l'une des dimensions des révélations qui nous permettent de découvrir notre destin, nous permettent de faire de bon choix selon DIEU et non selon les hommes. Tout en sachant qu'il est écrit dans le livre de Job ***33 : 14-15, « Dieu parle cependant, tantôt d'une manière, tantôt d'une autre, et l'on n'y prend point garde. Il parle par des songes, par des visions nocturnes, Quand les hommes sont livrés à un profond sommeil, Quand ils sont endormis sur leur couche. »*** C'est à dire tu peux aussi être révéler par DIEU seul sans aller au près des autres mais il faut aussi savoir que, certaines choses tes yeux spirituels pourront être incapable de voir mais les yeux d'un autre prophète pourront les voir facilement car on n'a pas tous la même capacité, vitesse, et qualité de vision prophétique. Donc, par la consultation prophétique, on peut aussi découvrir notre destinée, comme les autres l'ont découvert dans l'ancienne alliance.

8. VRAI OU FAUX PROPHETE ;

La Bible nous avertit clairement que, dans les derniers temps, il y aura beaucoup de faux prophètes qui détourneront le peuple, de Dieu, en allant dans le sens des désirs de leur nature pécheresse.

Mais, Dieu a aussi et déjà élevé de vrais prophètes avant même que les faux ne viennent. Ces vrais Qui sont des exemples dans l'Eglise, et l'onction sur leur vie apportent une grande protection dans la vie des chrétiens. Ils ne sont pas remplis d'orgueil et d'arrogance, ils ne se reposent pas sur leurs propres capacités. Au contraire, ils ont un cœur brisé et contrit, et sont prêts à renoncer à eux-mêmes, à prendre leur croix et à suivre Jésus. Ils sont connus par leur identification à Ses souffrances et Sa mort et ils dégageront le parfum de la connaissance de Christ.

9. FAUX PROPHETE ET FAUSSE PROPHETIE :

De manière simple, une prophétie est fausse lorsque celle-ci ne vient pas de l'esprit de DIEU.

La prophétie est fausse non seulement par ce que les informations qui sortent de cette prophétie sont fausses mais d'abord par ce que la personne qui libère cette prophétie est un envoyé non authentique de Dieu d'une part et d'autre part un envoyé du diable or selon la définition simple, nous chrétiens nous disons ; un prophète est un porte-parole de L'éternel Dieu. Donc, puisque celui qui libère la prophétie n'est pas un envoyé authentique de Dieu donc, le critère de base n'étant pas rempli alors, la conclusion finale est simple, la prophétie est fausse par ce qu'il y a des critères d'authenticité d'une prophétie parmi lesquels nous avons ;

- ❖ **La source** doit être authentiquement pure. Ce critère est un critère de base qui a d'autres sous point important ;

  - la prophétie doit obligatoirement provenir de l'éternel Dieu. Alors comment savoir que cette prophétie vient de Dieu ?

  La réponse se cache dans l'état d'âme de celui qui libère cette prophétie c'est-à-dire, il faut se rassurer qu'il est un enfant de Dieu authentique d'une part et d'autre part s'il a aussi le don de la prophétie de manière authentique et appart ça vous devez aussi avoir l'esprit de discernement selon que les écritures nous le recommandent pour examiner la prophétie. Et si votre discernement est faible alors, priez pour que le saint esprit vous éclaire encore d'avantage. Car il est écrit dans ***Tite : 1-15 « tout est pur pour ceux qui sont pur et rien est pur pour ceux qui sont***

souillés et incrédules, leur intelligence et leur conscience sont souillés. »

Appart ce critère de base nous avons les trois autres critères que Dieu nous enseigne au travers de Paul dans 1 ***corinthiens14 :3 « celui qui prophétise, au contraire, parle aux hommes, les édifie, les exhorte, les console ».***

- **EDIFIER** : la prophétie a aussi pour mission celle de construire notre foi, nous rendre fort et prêt à affronter avec foi les différents combats qui nous attends, être préparer à vivre et à palper l'accomplissement de promesses de Dieu dans notre vie.
- **EXHORTER** : la prophétie doit venir aussi exciter ton esprit et ton cœur à demeurer attacher à Dieu, à sa parole, t'encourager à persévérer dans le chemin du seigneur donc, te pousser à être toujours positif devant Dieu et devant tout ce qui te rapproche du seigneur JESUS-CHRIST. Une prophétie ne doit pas te pousser à devenir ennemi de tout le monde, grave encore ceux de ta famille car le combat qu'on a ne pas un combat charnel mais spirituel.
- **CONSOLER** : dans le moment difficile de la vie, Dieu envoie la prophétie pour nous consoler, nous réconforter nous soulager et non semer encore les troubles et des divisions là où les cœurs sont déjà brisés.

- **CONFORME AUX ECRITURES** : la prophétie ne doit pas contredire les écritures car tout ce qui est écrit est déjà sceller à tel point que personne n'a le droit de modifier ou rendre caduque les écritures de Dieu car il est dans ***Matthieu 24 :35 « le ciel et la terre passeront, mais mes paroles ne passeront point. »***
  Lorsqu'une prophétie est vraie, non seulement les informations qui sortent de cette prophétie sont vraies mais aussi elle transmet la vie à ceux qui l'écoutent car elle est soutenue par le saint esprit et la parole de Dieu et son accomplissement est certain.

10. VRAI PROPHETE ET FAUSSE PROPHETIE

C'est possible qu'un vrai prophète libère une fausse prophétie suite aux certaines raisons ou manquement qu'on va énumérer les plus fréquents ;

- **LA CONVOITISE** : ici nous définissons ce mot comme étant tout sentiment, émotions, suite aux raisons égoïstes et charnelles du prophète, pousse ce dernier à prophétiser sous prétexte qu'il est inspiré du saint esprit. Et ces différentes raisons suscitent des illusions dans son esprit et il croit être en train d'écouter Dieu mais au contraire il est victime des illusions que sa propre convoitise a provoquée.

❖ **L'ORGUEIL ET VANTARDISE** : ces deux qualificatifs sont contraires à la simplicité, l'humilité, et l'honnêteté. Souvent certains prophètes, animer par l'orgueil et la convoitise n'ont pas le courage de dire ces courtes phrases ; ***« Dieu ne m'a rien dit, j'ai beaucoup priais mais Dieu m'a rien révélé ».*** Et pourtant dans l'ancienne alliance nous constatons que les prophètes vivaient sur des montagnes, ou dans l'isolement loin des autres et ils ne descendaient que lorsque Dieu leur transmet un massage prophétique pour son peuple en général ou un individu en particulier, c'est à dire le prophète pouvait rester pendant plusieurs jours dans l'isolement non par ce qu'il est en retraite de prière mais par ce que Dieu n'a rien révéler quelque chose pour son peuple. Mais le constat amer est que certains prophètes ou hommes de révélation ne sont pas sincères devant Dieu et devant les hommes et ce phénomène de malhonnêteté prophétique date depuis même l'ancienne alliance, nous voyons Dieu qui interpelle les différents prophètes à l'époque du prophète Jérémie ***; - Jérémie 5 :31 « les prophètes prophétises avec faussetés, les sacrificateurs dominent sous leur conduite, et mon peuple prend plaisir à cela. Que ferez-vous à la fin ? »***

- Jérémie 14 :14 « et l'éternel me dit : c'est le mensonge que prophétisent en mon nom les

prophètes ; je ne les ai pas envoyés, je ne leur ai point parler ; ce sont des visions mensongères, de vaines prédictions, des tromperies de leur cœur, qu'ils vous prophétisent. »

C'est fort possible que Dieu parle à son prophète du premier janvier au 31 décembre de 6h à 6h non-stop, et c'est aussi possible Dieu garde silence devant son prophète pendant un long moment.

- **ERREUR DE RECEPTION** : il peut arriver que Dieu soit en train de parler à son prophète sans que ce dernier ne s'en rend compte ou sans qu'il prête une attention soutenue tout simplement parce que Dieu utilise de langages variés qui souvent dépasse l'entendement des prophètes. Dans l'œuvre de Dieu en général, il est important de savoir que l'habitude tue la révélation et la manifestation divine c'est à dire certains prophètes sont souvent trahis par leurs habitudes et pensent que Dieu est obligés d'utiliser les mêmes langage pour leur transmettre tel ou tel autre message et pourtant il est écrit dans ***job 33 :14 « Dieu parle cependant, tantôt d'une manière, tantôt d'une autre, et l'on n'y prend point garde. »*** c'est-à-dire Dieu est souverainement libre d'utiliser n'importe quel langage selon bon lui semble par ce qu'il est Dieu et n'a pas des comptes à rendre à quelqu'un ou un groupes des gens. Donc, à l'origine la prophétie est vraie et authentique mais puisque le prophète n'a pas pu saisir le langage utilisé par Dieu, cette prophétie risque gravement de perdre sa vraie valeur authentique qui poussera les hommes à conclure que la prophétie est fausse car lorsqu'un prophète reçoit ou comprend mal le langage de Dieu, il est souvent plonger dans les tâtonnements et doutes. Voilà pourquoi par ce livre nous conseillons aux prophètes, une fois que vous constatez que le langage utiliser par Dieu dépasse votre entendement, mieux vaut se taire et interroger Dieu pour avoir plus des précisions avant de libérer le message de peur que vous soyez une occasion de chutes pour plusieurs.

- **ERREUR DE DISCERNEMENT OU INTERPRETATION** : la vie prophétique est entourée des énigmes, des symboles des actes prophétiques, des langages codés, que seul un prophète ou quelqu'un qui a une forte dimension prophétique sont appelés interpréter ou discerner. Et c'est aussi ce qui différencie un Prophète de ministère de celui qui a tout simplement le don de la prophétie. Dieu peut utiliser un langage qui dépasse l'entendement de celui qui a le don de la prophétie mais que le prophète du ministère intercepte et interprète facilement.

Et pendant l'interprétation ou le discernement le prophète doit faire effort d'être exacte au cas contraire, le prophète sera plongé dans les tâtonnements et doutes et la conséquence c'est que, la prophétie perdra sa valeur authentique, et les non avertis concluront en disant, c'est une fausse prophétie et pourtant à l'origine c'est une vraie.

- **ERREUR DE TRANSMISSION :** une prophétie authentique bien interpréter risque aussi de perdre sa valeur et être jugé pour fausse par les hommes juste par ce qu'elle a été mal transmise. C'est à dire le prophète ou celui qui prophétise doit être précis et sage dans sa manière de transmettre le message prophétique. Prenons l'exemple du prophète Nathan qui utilisa une haute sagesse concernant le crime que le roi David avait commis en couchant avec la femme de son soldat du nom d'Uriel et tua ce dernier 2samuel 12 :1-20. La part de l'éternel c'est de donner le message à son prophète et celui-ci a le devoir de bien discerner, bien interpréter et bien transmettre. Même l'apôtre Paul renchéri sur l'exactitude 1corinthiens 14 : 8-9 ***« 8, et si la trompette rend un son confus, qui se préparera au combat ? 9, de même vous, si par la langue vous ne donnez pas une parole distincte, comment saura-t-on ce que vous dites ? car vous parlerez en l'air. »***

Donc, un prophète a l'obligation d'être précis dans ce qu'il dit ou transmet.

Tout en sachant que pour se mettre à l'abri des fausses prophéties et faux prophètes, il faut être l'ami des écritures et du saint esprit, c'est à dire désirer la connaissance exacte des écritures et être assoiffé du saint esprit.

CHAPITRE III :

L'INFLUENCE DE L'ŒUVRE SALVATRICE DANS LA DESTINEE DE L'HOMME.

Il est important de reconnaitre que l'Evangile du salut en JESUS CHRIST est un sujet de grandes contradictions parmi les prédicateurs et enseignants de la parole de DIEU et ceci n'est pas étonnant car il est écrit dans ***Luc 2 : 29-34 ; « maintenant, seigneur, tu laisses ton serviteur s'en aller en paix, selon ta parole. Car mes yeux ont vu ton salut, salut que tu as préparé devant tous les peuples, lumière pour éclairer les nations, et gloire d'Israël, ton peuple.***

Son père et sa mère étaient dans l'admiration des choses qu'on disait de lui.

Siméon les bénit, et dit à marie, sa mère : voici, cet enfant est destiné à amener la chute et le relèvement de plusieurs en Israël, devenir un signe qui provoquera la contradiction. »

La mauvais compréhension ou interprétation du salut en JESUS-CHRIST fait et fera en sorte que plusieurs souffrent et souffriront dans le siècle présent et avenir et plus grave encore se retrouver en enfer.

Nous rappelons que lorsque nous parlons de l'œuvre salvatrice, nous faisons allusion à l'œuvre de la croix car sans la mort de CHRIST sur la croix, on ne serait pas sauvé.

I. QU'ENTENDRE PAR LE MOT « SALUT » ?

Le dictionnaire petit robert nous définit le salut comme étant ;

- la cessation de danger, recouvrement de la sécurité.

- fait d'échapper à la damnation et de parvenir à la félicité éternelle.

Le dictionnaire biblique à son tour nous parle simplement de la délivrance, et de la liberté.

Et dans la bible il y a plusieurs versets bibliques qui parlent de ce concept, et parmi lesquels nous en donnons quelques-uns que nous jugeons sensible par rapport aux autres et allons sonder ensemble l'un après l'autres grammaticalement parlant et spirituellement (bibliquement).

Jean 19 : 30

« Quand JESUS-CHRIST eut pris le vinaigre, il dit : TOUT EST ACOMPLI. Et, baissant la tête, il rendit l'esprit. »

Colossiens 2 : 14

« Il a effacé l'acte dont les ordonnances nous condamnaient et qui subsistaient contre nous, et il l'a détruit en le clouant à la croix ».

Jean 8 : 36

« Si dont le fils vous affranchit, vous serez réellement libre ».

Nous allons sonder ces écritures afin de comprendre les pensées authentiques cachées de DIEU c'est-à-dire, qu'est-ce que DIEU a voulu nous faire véritablement comprendre. Par ce que dans ces trois versets il Ya trois mots qui attirent notre attention ; (TOUT, EFFACER, REELLEMENT)

II. ETUDES DE MOTS

A. COMPREHENSION GRAMMATICALE(CHARNELLE)

Nous allons définir ou expliquer ceux-là de manière grammaticale d'une part et d'autre part de manière spirituelle ou biblique.

- TOUT ; qui exprime l'intégralité, ou l'entièreté, ce qui nous amène grammaticalement à comprendre que CHRIST à tout fait à tel enseigne que rien est épargner.

- EFFACER : faire disparaitre, cela grammaticalement nous amène à comprendre que christ à tout effacer et sans rien laisser de visible.

- REELLEMENT : c'est un adverbe qui veut dire véritablement, qui est conforme à la vérité.

Et toujours grammaticalement parlant nous allons pousser très loin notre réflexion en listant au moyen des écritures quelques condamnations et ordonnances et en tirer les conséquences grammaticalement parlant et allons à la fin de compte tirer les conséquences bibliquement (spirituellement) parlant c'est à dire selon la compréhension divine.

Alors rentrons dans la genèse de choses, là où tout a commencé et de là nous découvrons qu'en réalité la première personne qui à déclarer ou ordonnancer les condamnations contre l'homme, c'est DIEU lui-même, Le diable n'a fait qu'inciter l'homme à faire le mal.

Genèse 3 : 16,

DIEU dit à la femme ; « je multiplierai la douleur de tes grossesses,

Tu enfanteras avec douleur,

Et tes désirs se porteront vers ton mari, mais il dominera sur toi. »

Alors selon la compréhension grammaticale (charnelle) on dira, puisque christ nous a sauver en tout effaçant, il faut que toute ces condamnations listées ci-haut tombent. C'est à dire ; la femme ne doit plus enfanter avec souffrance, et il faut que la douleur de ses grossesses cesse. Mais dans la réalité et de manière visible, nous constatons que les choses semblent demeurer comme avant. Alors la question se pose Est-ce que christ nous a menti ? Ou c'est nous qui comprenons ou interprétons mal l'impact de l'œuvre de la croix dans nos vies.

Genèse 3 : 17-19,

DIEU dit à L'homme « puisque tu as écouté la voix de ta femme, et que tu as mangé de l'arbre au sujet duquel je t'avais donné cet ordre : tu n'en mangeras point !

Le sol sera maudit à cause de toi.

C'est à force de peine que tu en tireras ta nourriture tous les jours de ta vie

Il te produira des épines et des ronces, et tu mangeras de l'herbe des champs.

C'est à la sueur de ton visage que tu mangeras du pain, jusqu'à ce que tu retournes dans la terre, d'où tu as été pris car tu es poussière, et tu retourneras dans la poussière ».

Donc, grammaticalement (charnellement) parlant, puisque christ en tout accomplissant, il faut que toutes ses condamnations tombent c'est-à-dire, l'homme ne doit plus souffrir avant d'avoir de quoi manger, et la mort doit automatiquement disparaitre et, l'homme doit retrouver sa nature d'avant qui faisait de lui un homme immortel, mais de manière visible, il semble que lavant l'œuvre de la croix est égal à l'après l'œuvre de la croix est ce que christ nous a menti ? Ou c'est nous qui comprenons ou interprétons mal l'impact de la croix dans nos vies.

Il est écrit dans Nombres 23 : 19

« DIEU n'est point un homme pour mentir, ni un fils d'un homme pour se repentir. Ce qu'il dit, ne le sera-t-il pas ? Ce qu'il a déclaré, ne l'exécutera-t-il pas ? »

Ce verset attire note attention, et nous pousse à conclure que puisque DIEU n'est pas un menteur, ce que, c'est nous qui interprétons et comprenons mal l'impact de l'œuvre salvatrice dans nos vies et dans notre destinée et c'est ce qui fait que, plusieurs personnes murmurent par ce qu'ils pensent qu'en acceptant JESUS CHRIST dans leur vie, les choses doivent automatiquement changées comme par bâton magique.

En vérité la bible ne doit pas être interpréter de manière grammaticale, humainement philosophique, et moins encore, psychologique. Car les écritures s'interprètent elle-même sous l'inspiration du saint esprit, c'est à dire un verset biblique peut interpréter un ou plusieurs autres portions des écritures et il est écrit dans ***2pierres 1 :20-21 ; « 20, Sachant tout d'abord vous-même qu'aucune portion de l'écriture ne peut être un objet d'interprétation particulière. »***

« 21 car ce n'est pas par une volonté d'homme qu'une prophétie a jamais été apportée, mais c'est poussé par le saint esprit, les hommes ont parlé de la part de Dieu »,

Maintenant nous allons interpréter l'impact de l'œuvre de la croix sous la puissance du saint esprit et en harmonie avec d'autres portions des écritures.

En vérité, l'œuvre de la croix est venu TOUT accomplir à la manière de DIEU et non à la manière des hommes donc, ceci nous pousse à mieux interroger le saint esprit par les écritures afin de comprendre ce que DIEU Nous enseigne par l'œuvre de la croix selon qu'il est encore écrit dans,

Esaïe 55 : 8-9

« Car mes pensées ne sont pas vos pensées, et vos voies ne sont pas mes voies, dit L'ETERNEL.

Autant les cieux sont élevés au-dessus de la terre, autant mes voies sont élevées au-dessus de vos voies, et mes pensées au-dessus de vos pensées. »

B. COMPREHENSION DIVINE (SPIRITUELLE)

En vérité, l'œuvre de la croix est venue nous sauver et, Tout accomplir à la manière de Dieu et non à la manière des hommes. C'est ce qui a même poussé qu'un bon nombre des juifs puissent rejeter JESUS-CHRIST au point de ne pas croire qu'il est le messie qu'Israël attendait. Juste par ce qu'en lisant les écritures, ils avaient des illutions qui créa en eux un portrait du messie extrêmement diffèrent de celui du fils de joseph et marie, juste par ce qu'ils définissaient les choses à leur manière, et philosophie charnelle. En lisant les écritures, ils ne pensaient pas que le messie viendrait de manière trop ordinaire, vivre, croitre de manière trop ordinaire. C'est-à-dire, ils avaient un aperçu beaucoup plus charnel que spirituel.

Ils attendaient du messie une délivrance politique, une libération physique qui apporte la satisfaction d'abord du corps et non de l'esprit comme au temps de moise, ils attendaient du messie quelqu'un qui apportera une paix terrestre qui fera en sorte que la vie quotidienne des juifs entre dans un nouvel air caractériser par la quiétude politique, économique abondantes.

Et pourtant, la pensée des hommes ne sont pas celles de DIEU.

Lorsque CHRIST déclare « TOUT EST ACCOMPLI »,

Dans cet adjectif « TOUT », nous devons comprendre que Christ parle de l'intégralité de la mission qui lui avait été confiée et qu'il devait accomplir afin de rendre compte devant le père tel qu'il est écrit dans jean 17 :1-26

Alors la question se pose, quelle est la mission ou objectif que JESUS-CHRIST avait en venant dans le monde ? La réponse se trouve toujours dans plusieurs portions des écritures notamment ;

- jean 3 :16 « car Dieu a tant aimé le monde qu'il a donné son fils, l'Unique-Engendré », afin que quiconque croit en lui ne se perd pas, mais ait la vie éternelle, »

- Matthieu 6 :33 « cherchez premièrement le royaume et la justice de Dieu ; et toutes ces choses vous seront données par-dessus. »,

- Colossiens 2 :14-15 «14, il a effacé l'acte dont les ordonnance nous condamnaient et qui subsistait contre nous, et il l'a détruit en le clouant à la croix ; 15, il a dépouillé les dominations et les autorités, et les a livrées publiquement en spectacle, en triomphant d'elles par la croix ».

Quand nous résumons ces portions des écritures, nous constatons les impacts suivant ;

1) DONNER LA VIE ETERNELLE A QUICONQUE CROIT EN SON NOM.

Le salut que nous avons reçu par l'œuvre de la croix a fait de nous, bénéficiaires de la vie éternelle, celle-ci est opposée à la vie charnelle. Et bien que nous allons vivre la plénitude de cette vie après notre mort en Christ ou après l'enlèvement de l'église, il est important de signaler que dès lors nous avons reçu Christ dans notre vie, même étant encore sur la terre, nous sommes déjà appelées à vivre les effets précurseurs de la vie éternelle qui est caractériser par la paix et la quiétude et le surnaturel que le saint esprit nous transmet que le monde ne pourra donner. Pour y parvenir, christ nous a d'abord par son sang réconcilié avec le Père et sommes rapproché de lui, devenu Un avec lui.

Contrairement à la compréhension charnelle, il est important de noter que le salut concerne d'abord notre côté immatériel c'est-à-dire, celui de notre homme intérieur (l'esprit, et l'âme). L'homme est tripartite selon qu'il est écrit dans 1thessaloniciens 5 :23 et dans ce tripartisme, nous constatons qu'il a deux cotés d'une part le côté matériel qui est le corps physique visible qu'on peut toucher et d'autres part le coté immatériel qui est bipartite, (l'âme et l'esprit). L'âme est le centre des émotions des sentiments, et de la volonté humaine et celle-ci sert de pont entre le corps et l'esprit. Et l'esprit à son tour est le souffle que Dieu a mis en nous selon qu'il est écrit dans ***job 32 :8 « mais en en réalité dans l'homme, c'est l'esprit, le souffle du tout puissant qui l'intelligence ; »*** et ceci nous permet d'être en contact avec le monde spirituel par le saint esprit, il nous sert de pont en le corps et le monde spirituel.

Le salut que Christ nous a apporté par l'œuvre de la croix passe par le rétablissement de l'autorité de Dieu sur la terre. Lorsque l'on parle de « l'autorité », le dictionnaire petit robert nous définit ce mot comme étant le pouvoir ou droit de ; - commander, d'obliger, de gouverner et même d'influencer afin que les choses se fassent selon la volonté ou le désir de celui qui commande.

Comme cela est bien clair dans la prière de « NOTRE PERE » il est écrit dans ***Matthieu 6 :9-10 « notre père qui es aux cieux ! Que ton nom soit sanctifié, que ton règne vienne ; Que ta volonté soit faite sur la terre comme au ciel ».***

Ce rétablissement à mise en place une nouvelle alliance conclue par le sang de JESUS-CHRIST sur la croix de Golgotha, et cette alliance est spirituelle car, l'état spirituel de l'homme est la raison d'être de JESUS-CHRIST sur la terre. Raison pour laquelle dans toutes les portions des écritures qui parlent du salut en Jésus-Christ que nous avons cités ci-haut, toutes ont un point commun qui est, le salut de l'homme intérieur (l'esprit, et l'âme).

Cette alliance accorde à l'homme ; - l'autorité qu'il avait perdu depuis la nuit de temps à cause de la nature adamique transforme l'homme intérieur (l'esprit et l'âme) car Lorsque ce dernier est transformé, tout ce qui l'entoure l'est sera aussi à tel enseigne qu'au jardin lorsque ADAM été condamné par DIEU, toute la nature fut influencée par cette sentence en subissant les effets direct et indirect de celle-ci. Et cette transformation est conditionnée par l'acceptation de JESUS-CHRIST étant Seigneur, Sauveur et DIEU, en s'accrochant à l'évangile prêché par les vrais envoyés du Seigneur Jésus-Christ.

Cette acceptation a comme conséquences, telle qu'énumérées dans **Marc 16 :15-*18 « puis il dit ; allez partout dans le monde,***

et prêcher la bonne nouvelle à toute la création. Celui qui croira et sera baptisé sera SAUVER, mais celui qui ne croira pas sera condamné. Voici les miracles qui accompagneront ceux qui auront cru en mon nom ; ils chasseront les démons ; ils parleront des nouvelles langues ; ils saisiront des serpents ; s'ils boivent quelque breuvage mortel, ils ne leur feront point de mal ; ils imposeront les mains aux malades, seront guéris ». Par ces portions des écritures nous constatons que l'homme revêt une autorité qu'il avait perdue afin de vivre pleinement sa destinée selon la pensée de Dieu et en toute sécurité.

Donc, nous concluons en disant que par ce rétablissement, la destinée de l'homme retrouve son cours normal en ce sens que tout redevient en ordre.

2) DEPOUILLE LE DIABLE DE TOUT CE QUI FAISAIT SA FORCE, ET QUI LE DONNE DE L'AVANTAGE SUR NOUS.

Voici les 2 armes fondamentales qui faisaient la force de notre ennemi et qui le donnaient de l'avantage sur nous ;

a. l'ignorance

Selon qu'il est *dans* ***Osée 4 :6 « mon peuple est détruit par ce qu'il manque de la connaissance. Puisque tu as rejeté la connaissance, je te rejetterai, et tu seras dépouillé de mon***

sacerdoce ; puisque tu as oublié la loi de ton DIEU, j'oublierai aussi tes enfants » ceci s'explique à deux dimensions.

Premièrement, c'été l'ignorance de l'existence d'un seul vrai et l'unique DIEU et SAUVEUR qui est JESUS-CHRIST qui se révèle en nous chaque jour par sa parole et manifestation de son esprit autour de nous. Raison pour laquelle la première démarche de Dieu par moise devant les israélites été celle de les informer de l'existence du vrai DIEU qui est L'éternel, et qu'il est le Créateur de tout. Et sur ce, il a commencé à leurs transmettre les lois leur permettant à mieux connaitre et comprendre le DIEU qui a tous créé par sa parole.

Et cette révélation et connaissance sont progressive au fil du temps c'est à dire on n'est connu ni ne comprend DIEU dès les premiers pas de notre marche avec lui, mais plutôt de manière progressive, cette connaissance est inépuisable car notre DIEU est infini, non-quantifiable, et immesurable.

Donc, Christ a dépouillé le diable en transmettant la vraie connaissance par ses écritures, et celles-ci nous révèlent des choses précieuses cachaient qui sont destinées à nous faire du bien, nous révèlent notre vraie nature, nous révèlent que nous devenons supérieure au diable lorsque Nous recevons Christ dans notre vie et l'acceptions étant Seigneur Sauveur et Dieu, elles nous révèlent l'existence de différentes réalités spirituelles satanique qui rendaient notre vie difficile et compliquée bref, elles nous révèlent notre vraie identité.

b. l'absence de la plénitude du SAINT ESPRIT

Il est écrit, sans le Saint-Esprit nous ne pouvons rien faire car il :

- il nous aide à avoir la connaissance exacte de DIEU en sondant les profondeurs de DIEU par ses écritures. ***« 1corinthiens 2 :10 ; Dieu nous les a révélées par l'esprit. Car l'esprit sonde tout, même les profondeurs de Dieu »***

- nous aide à mieux communier avec Dieu par la prier ***« romain 8 :26 ; de même aussi l'esprit nous aide dans notre faiblesse, car nous ne savons pas ce qu'il nous convient de demander dans nos prières. Mais l'esprit lui-même intercède par des soupirs inexprimables ; »***

- nous révèle la pensée divine non seulement par les écritures saintes mais aussi au travers les diffèrent dons qu'il a mis à la disposition de l'église corps du christ. ***« 1corinthiens 12 : 4-13 »***

- nous comble de capacité afin de relever toute sorte de défis.

Éphésiens 6 : 11 « Revêtez- vous de toutes les armes de Dieu, afin de pouvoir tenir ferme contre les ruses du diable. »

Donc, par la plénitude du Saint-Esprit en nous, nous devenons plus puissants que le diable et son monde ténèbres car, par Saint-Esprit, rien de mauvais pourra nous surprendre et nous faire du mal puisque le saint esprit sonde tout, il nous avertira, donnera la force et l'intelligence de tout vaincre.

CHAP IV.

COMBATTRE LE BON COMBAT DE SA DESTINEE

I. INTRODUCTION.

Selon que les écritures nous le démontrent, nous avons compris qu'en vérité dans la pensée parfaite de DIEU, il n'a pas destiné l'homme à souffrir ou qu'il soit esclave de quelqu'un ou de quelques choses. Mais, l'homme lui-même après avoir péché dans le jardin il a lui-même compliqué la suite de sa Destinée Et cela eu comme conséquence, la perte de la nature parfaite que DIEU a mise en lui. Et à partir de cet acte, le destin que DIEU avait prévu pour de l'homme est devenu très compliqué et il y eu changement de données au désavantage de L'homme. Donc avant que l'homme vive pleinement les bonheurs attachés à sa destinée en toute quiétude, il doit faire face aux différents défis qui sont attachés au monde physique et au monde spirituel.

Il ne suffit pas seulement de combattre mais le mieux, c'est de livrer un bon combat, achevé sa course Pour qu'à la fin être couronner.

Il est important de noter que le mot combat sera effacé dans le vocabulaire humain que le jour où christ reviendra et rétablira son royaume après la guerre d'Armageddon. Ceci revient à dire que tant que nous sommes encore sur la terre, les combats et défis ne ferons que se succéder. Raison pour laquelle bien que DIEU ait préétabli notre destin, de bonheur mais pour en bénéficier pleinement, il faut que l'homme se batte. Au cas contraire il a beaucoup des chances de vivre le malheur à la place du bonheur qui lui est réservé. Voilà nous voyons christ qui dit à ses disciples que même le royaume des cieux est devenu forcé et ce sont les violents qui s'en emparent et pourtant au commencement il en était pas le cas.

La destinée est semblable à un voyage en ce sens que, l'homme est en quelques sorte ignorant de différentes réalités agréables ou désagréables qui risqueront de le surprendre pendant son parcours à temps ou à contre temps. Dans le destin chaque jour qui passe, révèle notre avancement ou recule, c'est-à-dire nous aide à comprendre si on doit s'attendre à la victoire ou à l'échec car, tout ce qui nous arrive, tout ce que nous faisons influence notre destin directement ou indirectement en bien ou en mal.

Comme un avion avant de mettre le moteur en marche il doit être sur la piste de décollage, le moteur de notre destin est mis en marche automatiquement lorsque nous naissons mais avant de prendre l'envol (vivre pleinement notre destinée) il faut se rassurer qu'on a déjà tout ce qu'il faut pour le voyage tout en sachant que dans le combat de la destinée tous gestes, actions, réactions comptent, et chaque seconde de notre vie est précieuse.

Et pour ce faire, il faut savoir que sur la terre des humains l'homme n'a pas qu'un seul destin il en a plusieurs d'une part le destin principal et d'autres part les destins secondaires.

. Raison pour laquelle il est dans ***psaumes 31 : 16 « mes destinées sont dans ta main ; délivre-moi de mes ennemis et mes persécuteurs »*** donc, l'homme n'a qu'en vérité un seul destin principal mais ceci est entourer des plusieurs autres destins accompagnateurs c'est à dire destins ou objectifs secondaires.

A. DESTIN PRINCIPAL (objectif principal)

La destinée est un projet sacré de DIEU pour l'homme et ce dernier ne pas plus fort que sa destinée à tel point que l'homme ne peut pas se choisir sa propre destinée mais il peut seulement aller à coté ou s'éloigner da sa destinée. La destinée que DIEU a tracée pour nous avant la fondation du monde est ; -notre objectif principal sur la terre,

-la raison pour laquelle Dieu nous introduit dans le monde des humains,

- le but pour lequel nous sommes créés.

Comme dans un film de télévision, chaque acteur a son rôle à jouer et chaque rôle est appelé à résoudre un problème spécifique, imposer la stabilité et l'équilibre et le bien-être de tous.

Pour bien découvrir et préciser son objectif, ne t'identifie pas aux hommes mais en DIEU, et en cela il faut se poser un certain nombre des questions parmi lesquelles ; - Qu'est-ce que Dieu m'a dit que je suis ?

- Qu'est-ce que Dieu m'a dit que je serai, ou deviendrai ?
- Et selon le cas, on peut aussi se poser la question du genre, quand est ce que je le serai ?
- Qu'est-ce que Dieu a mis en moi comme don ou talent ?

Car les dons ou talent que Dieu nous donne à une influence majeure dans notre destinée. Pour répondre à ces différentes questions, voire le chapitre I consacré à la connaissance de soi et de sa destinée.

Après avoir répondu à ces différentes questions il faut maintenant savoir que tout destin principal doit être soutenu et /ou accompagner par les destins principaux. Donc, la seconde étape consiste à détecter ou découvrir et mettre en place les objectifs secondaires (destin secondaires) qui accompagnent notre destinée principale.

B. DESTINS SECONDAIRES (objectifs secondaires ou accompagnateurs)

Ces objectifs secondaires ont un caractère moléculaire.

La molécule est une plus petite partie d'un corps qui garde les propriétés de ce corps. Autrement on dira, c'est l'assemblage des fractions plus infime qui donne forme à un corps c'est-à-dire, les destins secondaires nous aident à prendre forme ou fait en sort que notre Destinée principal prenne forme, sont une provision pour nous, nous aident à bien prendre l'élan, comme le corps humain, est composer des plusieurs membres qui font que l'être humain soit apte et soit un corps complet.

à l'exemple aussi de la création, Dieu avait un objectif principal celui de façonner un homme a son image Mais pour atteindre cet objectif principal c'est à dire pour que l'homme soit réellement homme, il faut que ses diffèrent membres soient placer de manière ordonner selon leur rôle à jouer dans le corps humain et DIEU l'a fait mais, l'homme resta toujours immobile, inapte, handicap par ce qu'il lui manquait un seul autre membre appelé souffle alors, DIEU insuffla par les narines de l'homme et celui-ci devint complet et parfait. De là on comprend qu'il suffisait seulement qu'un seul membre manque, l'objectif que DIEU avait sur l'homme qui était celui de le façonner à son image allait connaitre un handicap sérieux. C'est-à-dire le destin que Dieu a tracé pour nous dois nécessairement être accompagné par les autres destins que nous appelons ; destins secondaires et il suffit seulement que l'homme manque ou néglige l'un de ses destins secondaires que Dieu a placé au-devant de lui, alors sa destinée principale connaitra un défaut et un handicap sérieux.

Ces objectifs secondaires (destin secondaires) sont d'une part mise en place par Dieu et d'autres parts par l'homme. Ceux-ci ont comme but celui de préparer, et donner l'homme la forme qu'il faut en l'outillant pour qu'il soit à la hauteur de porter le poids de la responsabilité attachée à son destin principal. Et ces objectifs secondaires sont aussi pour nous une école dans/pendant laquelle nous sommes préparées. Dieu à son niveau il orchestre toutes sortes d'évènements heureux ou malheureux, parfois même des circonstances des joies ou même de pleur, qui sont pour nous des salles de classes qui nous permettent de comprendre ce que Dieu veut que nous comprenions, acquérir la connaissance qu'il nous faut ou faudra afin de devenir maturément préparer. Tout en sachant que la maturité selon Dieu ne consiste pas à tout savoir ou maitriser de manière générale mais plutôt, comprendre d'abord la leçons clé qui nous forme à devenir meilleur pour mieux affronter notre destin principal et sans oublier que les notions générales de bases sont aussi importantes.

Et l'homme aussi à son niveau peut, voir même, doit se tracer des objectifs secondaires qu'il juge utile pour son amélioration ou enrichissement pouvant les permettre de vaincre ses faiblesses et briser ses limitations qu'il découvert après l'autodiagnostic au préalable. Et plus l'homme se cultive utilement, il devient meilleur et meilleure il sera, il saura et pourra même émerveiller le cœur Dieu, car notre Dieu est un Dieu de l'excellence et tout ce que nous faisons pour la gloire de

Dieu, nous devront faire des efforts pour les exécuter excellemment.

La nature elle, nous apprend qu'avant qu'un avion décoller il doit se rassurer que tout est en place mécaniquement. La qualité et la quantité de notre provision a et aura de l'impact sérieux à notre destinée principale à tel enseigne que les données composants notre destin peut varient à notre avantages ou désavantages.

II. DEUX POINTS A SAVOIR POUR COMBATTRE LE BON COMBAT DE LA DESTINEE

- l'importance et la place de l'Art du savoir-faire dans la destinée.

. - Sept éléments importants à réunir et observer avant et pendant l'envol de notre destinée ;

A. L'IMPORTANCE ET LA PLACE DE L'ART DU SAVOIR FAIRE DANS LA DESTINEE

Pour combattre le bon combat de la destinée et vivre pleinement celle-ci, seule l'onction qu'on suppose avoir ne suffit pas. Dans le combat de la destinée l'onction a besoin d'Art pour bien atteindre ses objectifs, et l'Art aussi a besoin de l'onction pour atteindre ses différents objectifs c'est-à-dire l'un est fait pour l'autre. L'Art nourrit l'onction et l'onction nourrit l'Art et, l'un sécurise l'autre et, l'un est une grande porte d'entrer pour l'autre.

Qu'entendre par **l'Art** ?

Le dictionnaire petit robert nous le définit comme étant ; la méthode pour faire un ouvrage, pour exécuter ou opérer quelque chose selon certaines règles.

Le mot ***« méthode »*** est définit comme étant ; la manière de faire, de procéder.

De manière simple, l'Art est synonyme au « savoir-faire », autrement on dira, la connaissance appropriée attachée à un Domain quelconque.

À chaque destinée, il y a une connaissance appropriée qu'on doit acquérir afin de bien relever les défis attachés à notre destin.

Lorsque nous parlons de l'Art, nous faisons allusion au savoir-faire, l'art de bien faire les choses, de bien présenter les choses.

Donc, l'Art du savoir-faire c'est l'intelligence ou la connaissance matérielle qu'on a sur la chose.

Qu'entendre par **Onction** ?

Par ce mot il faut entendre ; action d'oindre, c'est à dire rependre de l'huile sur quelqu'un ou quelques choses.

Dans le langage spirituel courant, l'onction est ;

- la capacité spirituelle d'influencer, les choses tant spirituelles que physique,

- l'autorité spirituelle que l'on a, qui nous permet de commander, de décider spirituellement sur une personne, un groupe de personnes ou sur quelques choses le plus souvent spirituellement que physiquement.

Cette même autorité nous permet aussi d'orienter les hommes et les choses tant spirituellement que physiquement.

- l'onction nous donne aussi spirituellement le droit ou mandat d'agir ou réagir de telle ou telle autre manière. L'onction peut aussi nous transmettre l'intelligence mais celle-ci sera nous appelons « l'intelligence immatérielle »

Donc, la différence qui existe entre l'intelligence immatérielle (l'onction) de l'intelligence matérielle (l'Art du savoir-faire) est comme, le corps et le souffle qui habite dans le corps c'est-à-dire, le souffle a besoin du corps pour se déplacer et le corps aussi a besoin du souffle pour pouvoir se déplacer. De là on constatera, il suffit seulement que le corps ait un problème respiratoire (souffle), il ne pourra pas se déplacer convenablement en courant peut être en marchant très lentement. Tout comme aussi, lorsque le corps a un handicap sérieux, le souffle ne pourra pas déplacer comme il faut donc, tous deux sont appelés à vivre non seulement ensemble mais être chacun en parfait état. C'est ce que nous appelons dans cet ouvrage le ***« principe du corps attaché au souffle, et le souffle attaché au corps ».***

Lorsque l'Art du savoir-faire et l'onction se marient, la destinée prendra de l'envol.

Plusieurs personnes en générale s'attachent seulement à l'onction et néglige l'Art du savoir-faire qui doit accompagner celle-ci et pourtant, les deux sont destinés à vivre ensemble. Voilà pourquoi la destinée de plusieurs personnes n'arrive pas à prendre de l'envol juste par ce qu'ils ignorent le « principe du corps attaché au souffle, et le souffle attaché au corps ».

Dieu lui-même est un Exemple par excellent, lorsque nous rentrons dans les écritures, on constate que Dieu à la fin de chaque étape de la création, il devait d'abord vérifier si cela était bien faite et, avait cet reflexe sur toute création du premier jour au dernier jour.

Nous voyons cela encore dans la construction du tabernacle jusqu'à l'institution de la sacrificature, nous constatons que Dieu insistait plus sur le respect de normes établies en ce sens que tout soit bien fait selon le modèle (les normes exigées) et selon les règles éditées. Nous voyons cela dans l'ancienne alliance avec plusieurs serviteurs de Dieu en occurrence moise ;
- exode 25 :9 « regarde, et fais d'après le modelé qui t'est montre sur la montagne »

- exode 26 :1,31, « 1, tu feras le tabernacle de dix tapis de fin lin retors, et d'étoffes teintes en bleu, en pourpre et en cramoisi ; tu y représenteras des chérubins artistement travaillés. 31, tu feras un voile bleu, pourpre et cramoisi et de

fin lin retors ; il sera artistement travaillé et l'on y présentera des chérubins. »

- lévitique 3 :1 « lorsque quelqu'un offrira à l'éternel un sacrifice d'actions de grâce : s'il offre du gros et bétail, mâle ou femelle, il l'offrira sans défaut, devant l'éternel. »

Et dans la nouvelle alliance Dieu nous interpelle dans le livre de ;

-matthieu22 :1-13, «1, jésus, prenant la parole, leur parla de nouveau en parabole et dit : 11, le roi entra pour voir ceux qui étaient à table, et il aperçut là un homme qui n'avait pas revêtu un habit de noces.12 il lui dit ; mon ami comment es-tu entré ici sans avoir un habit de noces ? cet homme eut la bouche fermée.13, alors le roi dit aux serviteur ; liez-lui les pieds et les mains, et jetez la dans les ténèbres du dehors, où il y aura des peurs et des grincements de dents. »

- 2timothée 2-5 « et l'athlète n'est pas couronné, s'il n'a pas combattu suivant les règles »

Par ces différents passages bibliques nous comprenons que Dieu aime que les choses se fassent selon les normes recommandées tant spirituelle qu'artistique c'est-à-dire, que l'onction soit accompagnée du savoir-faire. Et pour comprendre que Dieu aime que les choses soient bien faites, lisons **exode 35 :30-33** ***« Moise dit aux enfant d'Israël ; sachez que l'éternel a choisi betsaléel, fils d'Uri, fils de Hur, de la tribu de juda.31, il l'a rempli de l'esprit de Dieu, de sagesse, d'intelligence, et***

du savoir pour toutes sortes douvrages.32, il l'a rendu capable de faire des inventions, de travailler l'or, l'argent et l'airain, 33de graver les pierres à enchâsser, travailler le bois et d'exécuter toute sortes d'ouvrages d'art » .

Dans l'histoire de la construction du tabernacle, moise avait l'intelligence immatérielle (l'onction) de la chose mais, betsaléel et Oholiab avaient reçus l'intelligence matérielle (l'Art du savoir-faire) de la chose.

Donc, l'Eternel savait que Moise avait seulement l'onction et la vision du tabernacle mais n'avait pas l'Art du savoir-faire qui pouvait faire en sorte que la vision reçue de Dieu soit excellemment matérialisée dans le Domain de la construction. Même Christ bien qu'il avait l'onction mais dans sa manière d'enseigner la parole de Dieu, il dégageait non seulement l'onction mais l'Art d'un bon pédagogue d'un bon enseignant, là on retrouve sa manière d'introduire son enseignement, sa manière de gérer et convaincre son auditoire.

Dans sa vie avec ses disciples, il est un bon exemple dans le Domain de leadership, il savait comment se faire entendre, comprendre, se faire obéir et respecter par ses disciples donc, tout cela c'est ce que nous appelons l'Art du savoir-faire.

Tous les héros et les grands hommes de Dieu de la bible, non seulement, ils avaient l'onction qui les accompagnés, mais ils avaient aussi l'Art du savoir-faire. Dans ***Daniel 6 :4 « alors les***

chefs et les satrapes cherchèrent une occasion d'accuser Daniel en ce qui concernait les affaires du royaume. Mais ils ne purent trouver aucune occasion, ni aucune chose à reprendre, par ce qu'il était fidèle, et qu'on apercevait chez lui ni faute, ni rien de mauvais. » Cette histoire nous interpelle que nous

Il y a certaine opportunité que l'onction ne pourra ouvrir mais, le savoir faire le pourra et, vice versa.

Et une opportunité peut nous être ouverte grâce à l'onction, mais pour conserver cette opportunité, il faut l'intervention de l'art du savoir-faire, et vice versa. À l'époque du Roi Saül, David a eu la première opportunité d'entrer dans le palais royal juste par ce qu'il avait l'Art du savoir-faire dans le Domain de la musique avec sa Harpe et pourtant le renommée prophète Samuel remplis d'onction été encore vivant présent dans la ville mais David fut désigné et non Samuel.

B. SEPT ELEMENTS IMPORTANTS A REUNIR AVANT ET PENDANT L'ENVOL DE NOTRE DESTINEE

1. LE MANDAT

Ne fais pas une chose et ne t'engage pas à quelques choses tout simplement par ce que tu te sens être capable ou prêt pour les faire, mais plutôt par ce que DIEU t'a mandaté. Car lorsque Dieu nous mandate, cela revient à dire qu'il est parfaitement d'accord avec nous dans ce que nous faisons.

Car le plus souvent le diable vient nous tenter, lorsque nous nous sentons être prêt à, avoir le droit de, ou encore avoir le désir de, et c'est à ce moment précis qu'il s'approche de nous pour nous dérouter, en nous présentant un cadeau empoisonner une copie piratée de notre bonheur ou, en nous présentant la copie pirater de notre destin.

Avant de faire quelques choses, il faut se rassurer qu'on est mandaté pour ça par Dieu. C'est à dire il faut obligatoirement être sûr d'être Moise pour prétendre être le libérateur des enfants d'Israël. Et il faut obligatoirement être sûr d'être David pour prétendre tuer Goliath et pourtant Saül était humainement bien placé mais David était mieux placé juste par ce qu'il était mandaté. Il faut obligatoirement être sûr d'être Samson pour vaincre 1000 commandos philistins avec une simple mâchoire. A tel enseigne qu'aujourd'hui même si on donnait à l'homme le fort de notre siècle actuel une mâchoire il ne saura pas vaincre 1000 commandos bien formé d'une armée. Juste cela nous fais comprendre que celui qui est mandater est doter d'une puissance supra naturelle qui lui permettra de réussir la mission que personne d'autre ne pourra faire juste par ce qu'on ne mandater par Dieu et les autres, non. Et puisque pendant cette période les israélites avaient besoin de la justice de DIEU, et étant donné Dieu est un Dieu des normes, il est allé puiser dans la tribu de Dan qui signifie « l'éternel m'a rendu justice ». Et il a choisi Samson.

Dieu ne protège et ne défend que celui qu'il a mandaté, car lorsqu'on est divinement mandaté, on est revêtu et couvert de la puissance divine.

Celui qui fait quelques choses par ce qu'il est mandaté sera toujours diffèrent de celui qui les faits pour simple passion ou convoitise.

Donc, respectons et gardons l'authenticité de notre destin.

2. LA BONNE PREPARATION

Le destin de l'homme est confronté à plusieurs sortes de défis groupés en deux, d'une part naturel et d'autres part spirituel et pour se faire il faut être bien préparé.

Et cette préparation se passe au niveau des destins secondaires.

Où comme une flèche dans le carquois de Dieu, il prend tout son temps pour nous aiguiser avant de nous lancer vers l'objectif principal.

La pédagogie de Dieu se diffère de celle des hommes. Dans sa pédagogie il se focalise plus à nous donner les leçons qui nous serons utile pour les combats attachés à notre destin principal.

Parfois il nous envoi auprès des autres hommes pour nous apprendre quelques leçons au travers d'eux.

Et il orchestre toute sorte d'évènements et circonstances susceptibles de nous aiguiser à un certain niveau.

3. LE TEMPS

Une bonne chose faite au mauvais moment, en est une mauvaise chose. Car certaines vérités, réalités et capacités ne sont découvertes que lorsqu'on laisse le temps au temps.

Il est écrit dans ***ecclésiaste 3 :1***

« Que chaque chose a son temps, et il Ya un temps pour toutes choses »

On peut bien être mandaté mais si on s'engage en dehors du temps voulu par Dieu, on ne sera pas en mesure de relever les défis, car lorsque l'on fait des choses au temps favorable, le ciel nous accompagne et nous défend.

Et certaine capacité que Dieu en mis en nous ne serons opération que selon le temps fixer par Dieu, car dans notre vie tout est programmer, la colombe est venue se poser sur le christ que lorsque le temps fixer par Dieu été venu. Lorsque l'on fait quelque chose dans le temps fixer par Dieu, on est revêtu de l'autorité divine et les anges du seigneur sont mobiliser à nous accompagner au cas contraire, nous serons face à un échec fatal.

Christ est née, Siméon le constate, prophétise sur lui le révèle à ses parents, douze années après il y a apparition des quelques indices sérieux révélateurs de sa destinée, mais il lui a encore fallu 18ans pour se lancer dans sa destinée.

David était oint roi dès son bas âge, mais il devrait attendre encore plusieurs années pour qu'il vive et se lancer pleinement dans sa destinée.

Il est écrit dans ecclésiaste 3 :11

« Dieu fait toute chose bonne en son temps ; même il a mis dans leur cœur la pensée de l'éternité, etc., »

Mêmes christ dans plusieurs portions des écritures faisait toujours référence au temps, et il disait souvent, mon temps n'est pas encore arrivé.

Ceci revient à dire que la patience dans la destinée nous épargne de beaucoup des choses mauvaises. Quand on marche selon le temps de Dieu, on ne jamais en retard par rapport aux autres et on ne jamais non plus en avance. Mais au contraire on est dans le temps qu'il fallait. Ne te laisse jamais complexer ou impressionner par ceux qui brillent où réussir pendant que tu échoue mais, dis-toi seulement que mon tour aussi arrivera.

Les 13 ans de ministère que je totalise en cette année 2021, J'ai compris une chose que dans le ministère le plus important ce n'est ne pas de chercher à courir plus vite que les autres mais cherche plutôt à arriver à ta bonne destination au moment favorable fixer par Dieu.

4. L'EMPLACEMENT

Quand Dieu nous appel, nous habilite, il nous place à un endroit précis. La bénédiction attachée à notre destinée à une adresse précise. Dans le livre de ***Genèse 12 :1-2 « L'éternel dit à Abram : 1va-t-en de ton pays, de ta patrie, et de la maison de ton père, dans le pays que je te montrerai.2 je ferai de toi une grande nation, et je te bénirai ; je rendrai ton Nom grand, et tu seras une source de bénédiction. »***

1 rois 17 :3-4 « 3pars d'ici, dirige-toi vers l'orient, et cache-toi près du torrent de kerith, qui est en face du Jourdain.4 tu boiras de l'eau du torrent, et j'ai ordonné aux corbeaux de ***te nourrir là. »***

Par ces deux portions des écritures nous constatons que Dieu avait l'intention divine de bénir ses serviteurs mais avant tout il les a ordonnés de se déplacer et d'aller à l'endroit favorable qu'il a lui-même préparé pour chacun d'eux. La bénédiction de manière générale, elle nous suit partout nous allions Mais de manière particulière chacun de nous a une adresse précise à laquelle l'éternel a prévue pour sa bénédiction sa visitation ou le déclenchement de son envol. Souvent nous ignorons et négligeons l'importance de la position ou de l'emplacement que Dieu nous donne et lorsqu'on néglige l'importance de notre position ou emplacement, nous risquons même de perdre l'objectif.

Car DIEU étant un souverain entraineur, sachant l'impact et le rôle de chacun dans la scène de la destinée de l'humanité ou celle des autres, il nous place chacun de nous à la place qu'il faut. De même que Dieu sachant l'impact et le rôle qu'il a donné au soleil et les Etoiles, il les a placées au-dessus de toute autre créatures terrestre puisque sans cette bonne position il serait difficile que l'obscurité soit chassé sur la surface de la terre. Souvent beaucoup des hommes fort et capable n'arrive pas à influencer, atteindre les objectifs leurs assignés par Dieu ou encore n'arrive pas à donner les meilleurs d'eux même juste par ce qu'ils ne sont pas dans des bonne place ou positions. Or il faut savoir que l'emplacement joue un rôle très important dans le combat et la réussite de la destinée et de l'évolution d'une œuvre, etc.

Et même la bible nous le démontre à l'époque de Jephté qui était Un luminaire pour sa famille, était chassé loin de sa patrie (synonyme de quelqu'un qui était mis au bas de l'échelle,) mais il a fallu que sa famille comprend que la place qu'occupait Jephté ne permettait pas ni à Jephté moins encore à sa nation d'être victorieuse.

Et lorsqu'ils ont détectés la capacité de Jephté et ont donnés à ce dernier la place qu'il fallait en faisant de lui un leader, ils ont pu à leur tour palper la victoire par Jephté, et c'était la joie et l'honneur de tous.

Et imaginons que Dieu après avoir créé le soleil et se décide de placé ceci sous la mer ou au beau milieu de la forêt, est ce que la terre serait éclairer comme nous en bénéficions et l'expérimentons aujourd'hui ?

Même dans le Domain d'entreprenariat, tu bien avoir un très grand capital mais si tu n'as pas placé ton entreprise à la place qu'il faut alors, tu risques de connaitre la faillite. Même dans nos églises ou entreprises ou business, si un leader ne sait pas placer à la place qu'i faut chacun de ses collaborateur et agents, sachez que le succès demeurera une histoire imaginaire donc, le sucée sera loin de vous. Lorsqu'une bonne personne est placée à la bonne position ou au bon endroit, attendez-vous surement aux exploits. Tu peux avoir la grâce de Dieu mais si tu ne pas mieux positionner, et surtout si tu n'es pas à l'endroit où Dieu t'attends, tu ne pourras pas donner le meilleur de toi-même et la réussite sera compliquée.

Donc, découvre ta position et respecte l'emplacement que Dieu t'a donné, et tu livreras un bon combat de la destinée.

5. LA PROCEDURE

Plusieurs personnes, enfants de DIEU faute de patience, brulent les étapes que Dieu leur a présentées. David avait déjà sur lui l'onction royal mais, l'éternel avait placé devant lui les gens qui devrait aussi reconnaitre David tant que tel et le présenter devant les autres, nous constatons David qui devrait attendre à ce qu'il soit investi par les anciens, et les autres notables bien qu'ayant déjà sur lui l'onction royal que Samuel a déversé sur lui qu'ordre de Dieu.

Christ DIEU, bien que tout puissant il s'est soumis à la procédure, il y a eu un temps où il se rendait au temple pour se nourrir de la connaissance. Et à l'âge de 30 ans bien que déjà mature il accepta d'être baptiser et présenter par jean baptiste.

Juste pour nos enseigner que dans le parcours de la destinée on peut avoir des talents et voire même être appelé par Dieu mais chacun de nous son jean baptiste, quelqu'un qui doit l'aider à franchir une étapes et les présenter au moment favorable et comme les écritures nous les montrent, après que jean baptiste à présenter Jésus-Christ, il y a eu en seconde position l'approbation et la présentation de Dieu qui parla du haut du ciel ***Matthieu 17:5 «comme il parlait encore, une nuée lumineuse les couvrit. Et voici, une voix fit entendre de la nuée ces paroles : celui-ci est mon fils bien-aimé, en qui j'ai mis toute mon approbation : écouter-le.*** » et selon qu'il est aussi écrit ce que vous lierez sur la terre sera aussi lier dans le ciel. Donc, Dieu nous fait souvent passé sous coaching des hommes juste pour nous préparera à être en mesure de relever le défi de notre destin principal.

Donc, jésus a aussi suivi la procédure, lui imposé par le père, nous voyons d'une part les mages l'adorer comme Roi, Siméon le reconnait comme Salut pour les hommes, jean baptiste le reconnait comme l'agneau qui enlevé les péchés de l'humanité, et Dieu le reconnait comme fils ayant reçu mandant céleste.

Après cela christ reçois toute la plénitude pour mieux se lancer dans son destin principal. Donc, celui qui brule les étapes, s'expose à l'insécurité ministérielle.

6. L'ENTOURAGE

DANS la bataille de la destinée on a aussi besoin d'être bien accompagner. Humainement parlant on ne saura pas réussir seul, et nous devons accepter la main d'association et le concours des autres, car dans certains parmi nous il y a des grâces particulières qui nous sont importantes. Nos points faibles peuvent êtres les points fort des autres.

Il est écrit dans ecclésiaste 4 :9-10 « 9 deux valent mieux qu'un, par ce qu'ils retirent un bon salaire de leur travail.10 car, s'ils tombent, l'un relève son compagnon ; mais malheur à celui qui est seul et qui tombe, sans avoir un second pour le relever ! »

Même Moise avait besoin de Aaron, le prophète Eli avait Elysée, Elysée a son tour avait guéhazi et même christ avait autour de lui les disciples qui lui portait mains fortes nous plusieurs reprises on voit christ envoyer ses disciple faires les choses à sa place. Juste pour dire dans la destinée puisque l'homme n'est absolu, et que chaque homme à au moins une faiblesse, il faut qu'il ait aussi autour de lui des gens bons qui vers qu'il peut recourir pour être conseiller, inspirer, orienter, et coacher car, dans chacun de nous sur la terre Dieu a mis une qualité différente des autres à savoir que chacun de nous est unique à son genre. Voici quelques bienfaits d'un bon entourage ;

- Un entourage ne pas toujours obligé d'être avec toi partout où tu seras mais il soit toujours disposé à te secourir dans les moments de troubles.
- Il nous aide à voir ce que l'on ne pouvait pas voir de nous-même.
- Il nous aide à réfléchir deux fois avant de faire quelques choses, ou avant de prendre une décision.

Même David avait achitophel à ce côté, même moise avait Laban pour lui prodigué un conseil concernant la décentralisation du pouvoir.

- Il nous aide à nous relever après une chute.
- C'est aussi l'un des canaux par lesquels Dieu passent pour nous visiter car, Dieu ne pas obliger de nous parler seulement par nous même, il peut aussi selon sa souveraineté utiliser notre entourage pour nous interpeller et nous avertir de quelques choses.
- Négliger son entourage c'est se négliger soi-même car, pour que certaines promesses que Dieu nous a faites se réalisent, Dieu utilisera les hommes.

7. LA MOTIVATION

Dans le parcours, on a toujours besoin d'être motiver. On peut beau avoir des objectifs précis, mais si on a une crise de motivation, nous risquons de nous éloigner de la réussite, car la réussite ne s'offre pas sur une assiette, mais elle s'arrache. Celui qui motiver est semblé à celui qui est vivant et debout prêt à affronter tous défis.

Dans ce monde rempli de compétitivité, adversité, jalousie, ennemis, on doit avoir des nerfs solides, pour s'en sortir tête haute.

- -Tu as et auras certainement des gens autour de toi qui ne croient pas et ne croiront peut-être pas à votre destin principal pour lequel Dieu t'a créé.

Ils seront toujours là pour te dire que tu ne mérites pas, tu ne vaux rien, ils te feront toujours comprendre que tu as toujours tort, et sont prêt à dépenser de leurs énergies, temps, finance, pour dire et raconter à tout le monde tes erreurs, défauts, mais ne sont pas capable de parler de tes exploits, qualités, et points forts. Juste par ce qu'ils veulent que tu te taises et que tu sois sous leur colonisation. Et ils chercheront toujours à te faire comprendre que s'ils étaient à ta place, ils auraient fait de choses mieux que toi.

Mais si réellement tu es en ordre avec les Dieux alors, ne te lasse pas avance et même si cela te coutera 40ans dans le désert comme les israélites, sache que tu atteindras ton Canaan.

- -Tu dois savoir que tu ne mettras jamais tout le monde d'accords, c'est à dire tu auras certainement quelques personnes qui s'opposeront injustement contre toi mais malgré cela, tu dois demeurer fort et considère leurs oppositions comme des marchepieds pour atteindre les objectifs que tu as avec Dieu. De même que Jésus-Christ, la présence et les contradictions de pharisiens et saducéens n'ont lui ont pas empêché d'atteindre ses objectifs avec le père. Alors saches que personnes dans le monde n'a la capacité de t'imposer l'échec car tu as reçu le pouvoir de refuser tout ce qui est mal autour de toi.

- Dans la destinée, il y a des moments où tu commettras des erreurs à cause desquelles tout le monde hurlera sur toi et cherchera à te lapider mais, ne tue pas tes rêves (destinée) continue ton la course et bats-toi. Car étant qu'humain, tu n'auras pas toujours raisons et n'auras pas toujours tords non plus c'est-à-dire les erreurs involontaires sont passagères pourvu qu'on prenne des dispositions sérieuses pour ne plus les commettre.

Il est écrit dans le livre de 1corinthiens 13 :9 « nous connaissons en partie, et nous prophétisons en partie. Seul Dieu connait tout et peut tout par ce qu'il est Absolu.

- La sagesse nous enseigne que ce n'est pas toujours les petits enfants qui tombent par ce qu'ils apprennent à marcher mais, même les grands hommes qui marchent déjà tombent étaler à terre par glissade juste par ce qu'ils ont étaient un peu distrait alors, tu n'as aucune raison d'avoir peur et d'abandonner juste par ce que tu es tombé ou échouer car la grandeur c'est aussi la capacité de se relever vite après avoir tombé donc, bats-toi.

- La maturité dans le combat de la destinée ce n'est pas l'effet de ne pas encaisser les coups mais, c'est le fait de continuer à batailler malgré la pluie de coups et chocs qui tombent sur nous donc, bats-toi pour ta destinée.

- N'aie pas peur de commencer ou continuer juste par ce que tu as peur de commettre des erreurs, mais au contraire tu dois avoir peur de commencer ou continuer si tu n'es pas sûr d'être en ordre avec Dieu par les 7 éléments cité ci-haut.
- -Toutes erreurs ne sont pas synonymes d'une mauvaise préparation, car souvent nous commettons des erreurs juste par ce qu'on a été un peu distrait.
- N'aie pas peur de commencer ou continuer juste par ce qu'autour de toi il y a des gens qui sont prêt à te contredire ou s'opposer contre toi mais plutôt, continue le chemin par ce que tu as déjà reçu le feu vert de Dieu.

III. CITATIONS ET EXPLICATIONS

Voici quelques notions à retenir concernant le destin ;

- on ne se choisit pas son propre destin mais on le découvre, et on est appelé à l'aimé, et à se battre pour vivre pleinement son destin.

- le destin est plus fort que son porteur.

- le destin n'est qu'un chemin déjà tracé par DIEU avant notre venu sur la terre c'est qui revient à dire, qu'il est possible qu'on renonce à son destin ou qu'on se rebelle contre sa destinée, autrement on dira le destin n'est qu'un projet que DIEU nous propose d'embrasser il est écrit ; « je connais les projets que j'ai formulé pour vous, » et il est encore écrit deutéronome 30 :19 « j'ai mis devant toi la vie et la mort, la bénédiction et la malédiction. Choisis la vie, afin que tu vives, toi et ta postérité »

- tu dois savoir que ton vrai bonheur se cache dans ce qui est destinée pour toi.

- ton destin c'est ton authenticité, tu ne pas appeler à être une copie certifiée conforme des autres.

- le destin est en quelques sortes le rôle à jouer de chacun de nous, la mission pour laquelle on a était créé, et envoyé sur la terre des humains, donc, c'est comme si on était dans un film ou terrain de football où chacun a son rôle, son poste à jouer, et a derrière lui les attentes divines c'est à dire ce que DIEU attends de lui.

- celui qui découvre son destin et se bat pour ça comme il faut, ne souffre pas des complexes et sera heureux tôt ou tard.

- on ne pas appeler à faire la même chose, et même si on doit faire la même chose mais peut-être pas de la même manière, et s'il faut la faire de la même manière mais peut-être pas au même moment ou période, et peut être pas au même endroit et moins encore à la même dimension car dans toute chose il Ya toujours ceux que doivent nous précéder. Et c'est ça même la notion de la diversité de rôle que Paul nous enseigne lorsqu'il nous parle concernant les membres d'un seul corps dans 1corinthiens 12 :12-27.

- quand tu gère bien ton destin, tu te sauveras toi-même et y compris ceux qui t'entourent.

- celui qui ignore son destin, est appelé à souffrir et faire souffrir les autres, car dans le monde les uns vivent pour les autres et vice versa et ce que tu es appelé à faire ne pas seulement un avantage pour toi mais aussi pour un groupe de gens quelques part.

Exemples ; - imaginons que christ ait refusé de mourir sur la crois de GOLGOTHA, non seulement il n'allait pas être assit au droit du père mais aussi c'est toute l'humanité entière qui allait demeurer dans la souffrance atroce nous imposé par le diable.

- imaginons que les médecins ne fassent pas très bien leur travail de traitement de malade, qu'est serait le monde ? Et Si tous les médecins étaient spécialistes seulement de la même partie du corps humain qu'est deviendrait ceux qui souffrent d'une autre partie du corps ? bien qu'il Ya de médecin généraliste mais certain cas exige la connaissance d'un spécialiste. Voilà pourquoi les uns sont appelés a traité le mental, les autres les yeux, les autres os, les autres les dents etc.,

Les uns sont appelés à faire les commerces des produits bruts, les autres les produits finis, et les autres les semences pour les récoltes et les autres les outils pour les récoltes, donc chacun doit être à son poste en bienfaisant les choses pour que les autres survivent et soient sauver.

Tout comme il Ya de ceux-là qui sont appelés à veillés sur notre existence physique (parent, autorité politique, tuteur), et les autres sont appelés a veillé sur notre existence spirituelle (les oints de Dieu ou les lévites) et même dans l'église nous ne sommes pas tous appelés à faire les mêmes choses de la même manière, car il Ya de ceux-là qui sont appelé a plus des consécrations que les autres selon que l'esprit nous a donné la portion de l'esprit.

contact de l'auteur whatsapp et appel :+243821640143

Facebook : Prophéte elysha Shabani Mapela

Mail : Shabanimapelashabani@gmail.com

Printed by Books on Demand GmbH, Norderstedt / Germany